# はじめに――インカとマチュピチュ

ペルーのクスコ地方を中心として、一三世紀ごろに誕生したインカ帝国の代表的な遺跡であるマチュピチュに、私がはじめて出かけたのは一九七五年のことである。

現在は新駅マチュピチュも完成し、大きな町に膨張しているビルカノタ川沿いの現マチュピチュ村（旧アグアス・カリエンテス）は、当時、宿や食堂が一～二軒並ぶ程度の小集落にすぎな
跡直下に架かる橋の近くにあった旧マチュピチュ駅から運行されていたバスの本数始発は早朝にクスコ市を発《た》った列車が到着する午前一〇時過ぎと遅かった。
の外国人の若者とともに、宿を未明に出発し、インカが築いた石段の道を汗を流しって遺跡を目ざした。そのおかげで、まだ人気《ひとけ》のなかった朝のマチュピチュを目に
できた。

私はマチュピチュに一回数日間の日程で三〇回ほど出かけてきた。何回訪ねたからとマチュピチュはいつも新鮮で飽くことがなかった。ほぼ森林におおわれたマチュピ
デスの言葉であるケチュア語で老峰の意味）峰と、岩山のワイナピチュ（若い峰）峰に
た岩棚に築かれたマチュピチュは、谷底から立ちこめてくる霧の上に浮かびあがるこたびある。そんな空中都市そのものの姿を目にしながら、数百年前のインカの世界を

想像することは楽しかった。

一五世紀に入ってから急激に勢力をのばしたインカは、一六世紀はじめには北は現コロンビア南部から南はチリ、アルゼンチン北部まで領土を拡大した。だが、一五三三年、北ペルーのカハマルカで、フランシスコ・ピサロらスペイン人征服者たちによってアタワルパ皇帝が処刑される。そのとき、帝国は実質的に崩壊したものの、以後三〇年間、祖先の血を受け継いだ皇帝たちは、マチュピチュの奥地に位置するビルカバンバ地方の城や砦《とりで》にこもってスペイン人に抵抗しつづけた。

上　マチュピチュ駅がある現マチュピチュ村（旧アグアス・カリエンテス＝温泉）は、現在はホテル、レストラン、民芸品店が立ち並ぶ大きな町となっている。日に何本もの列車がクスコ市との間を往復している
下　現マチュピチュ村。数多くのレストランが立ち並んでいるが、中には日本語でメニューを紹介している店もあった

本書は、インカの始祖伝説にはじまり、マチュピチュにつながる山岳地のインカ道を歩き、奇跡というべきマチュピチュの都市そのものへと話が進んでいく。そして、マチュピチュがどのような性格を持つ城であったのか、インカは何を求めて建設したのか、あるいは実際にどのような生活があっていつごろ放棄されたのか、などについて、通いつづけても解けない疑問を軸にしながら記したものである。

遺跡をはじめ、ケチュア語の地名は多い。それらのすべてがインカ時代からのこされたものとは限らないが、周辺の自然や環境を説明している場合が多いため、簡単ではあるがカッコ内に意味をつけ加えた。また、内容の必要性から欠かせなかった部分には、私の既著と重なる箇所も含まれるが、すべてにおいて新しい主題に基づいて構成した。

それぞれの読者の方が本書を手にしながら、失われた都市マチュピチュをはじめとした数々のインカの大仕事、また、インカの大地や天空の世界へと夢をふくらませていただけたらと思う。

北ペルーのカハマルカ市。アタワルパ皇帝が征服者ピサロによって幽閉されていた部屋。アタワルパは、この部屋を黄金で満杯にするからといって命乞いをしたという

目次


はじめに——インカとマチュピチュ　i

第一章　インカの始祖伝説と岩山カカ　1

「神々の宿る庭」ビルカバンバ山群／インカの始祖伝説とタンプ・トッコ／虹がかかる谷間とは／クスコの建設を命じたアヤル・カチ／タンプ・トッコとチンカナ区／インカ時代の生者と死者／岩山カカとマチュピチュ

●マチュピチュとつながる道　21

第二章　マチュピチュへとつながる道　41

インカ道の起点／未完成の城サヤク・マルカ／霧が湧く雲上の大パノラマ／数本の道と参道としてのインカ道

●太陽と霧の城　53

第三章　自然界とつながるテーマパーク　71

パチャママとアプー／中枢神殿区／都市内の三つの世界／求め合う「対」としてのヤナンティン／高官女性の墓地／ワイナピチュ峰とマチュピチュ峰

●「神々の庭」に咲く　91

第四章　誰がどのようにして生きていたのか　101
想像される常駐者／何を食べていたのか／濁り酒チチャの量／かめの容器アリーバロと大コップのケーロ／経済食のかゆ状スープ料理／霧の森が産む水

●インカの軌跡をたどる　119

第五章　ロスト・シティとビンガムの発見以前　135
歴代インカ皇帝の盛衰／最後のインカとビルカバンバ／太陽の処女アクリャ／「支配を委託されていた」地／ロスト・シティ＝失われた都市／マチュピチュ名と土地売買／はじめての地図とドイツ人／ビンガムの到着

●大地に生きる　159

第六章　インカの遺跡と神秘の東方圏　173
古代からインカへ／アプリマク川を見おろすチョケキラウ／風や天水利用／インカの墳墓や円形の階段畑／戦場だったサクサイワマン／ムユク・マルカの攻防／大帝国インカの強み／黄金伝説の地方／不思議な湖とチューニョ／インカがのこした迷路の道

おわりに　193

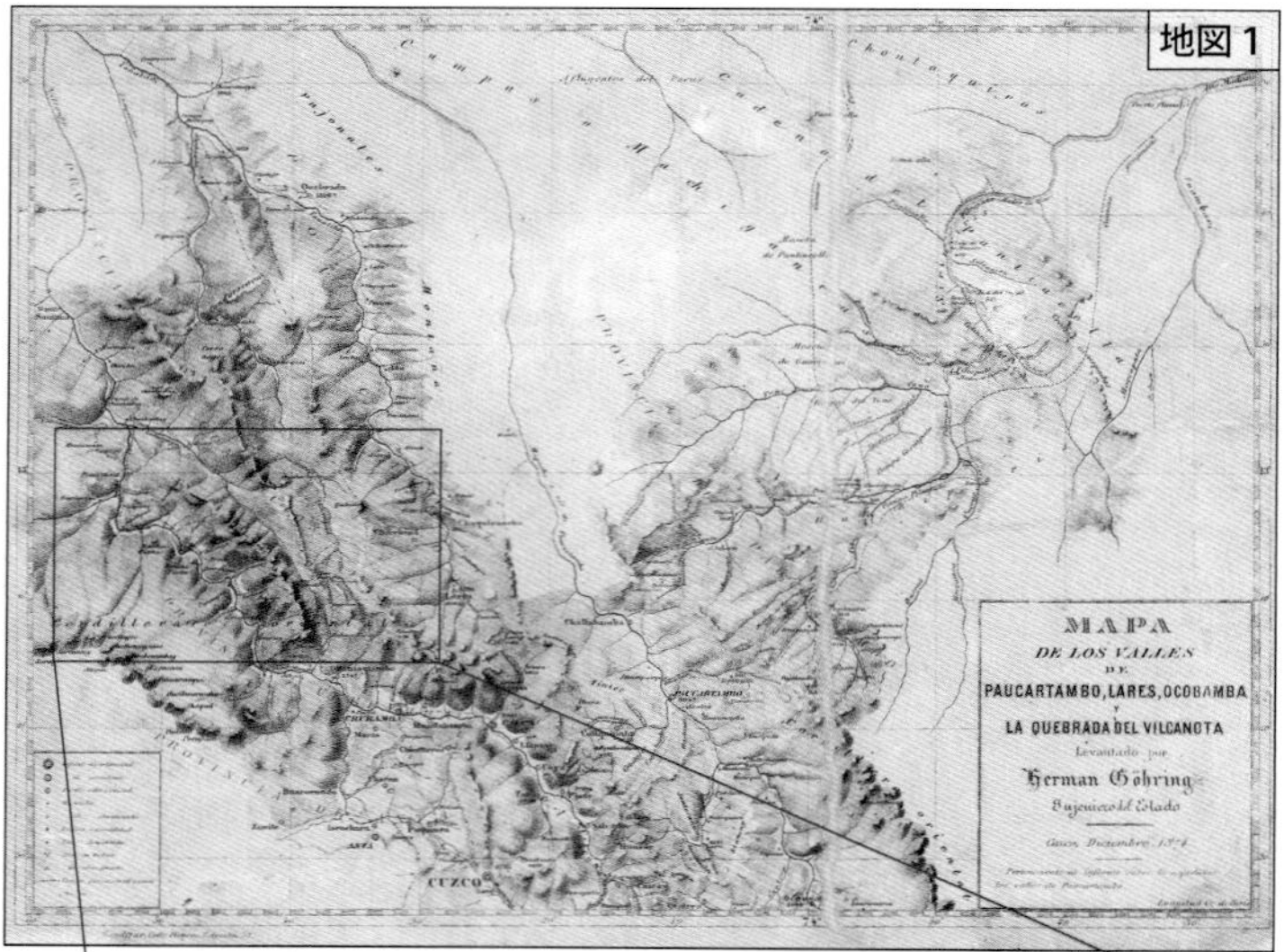


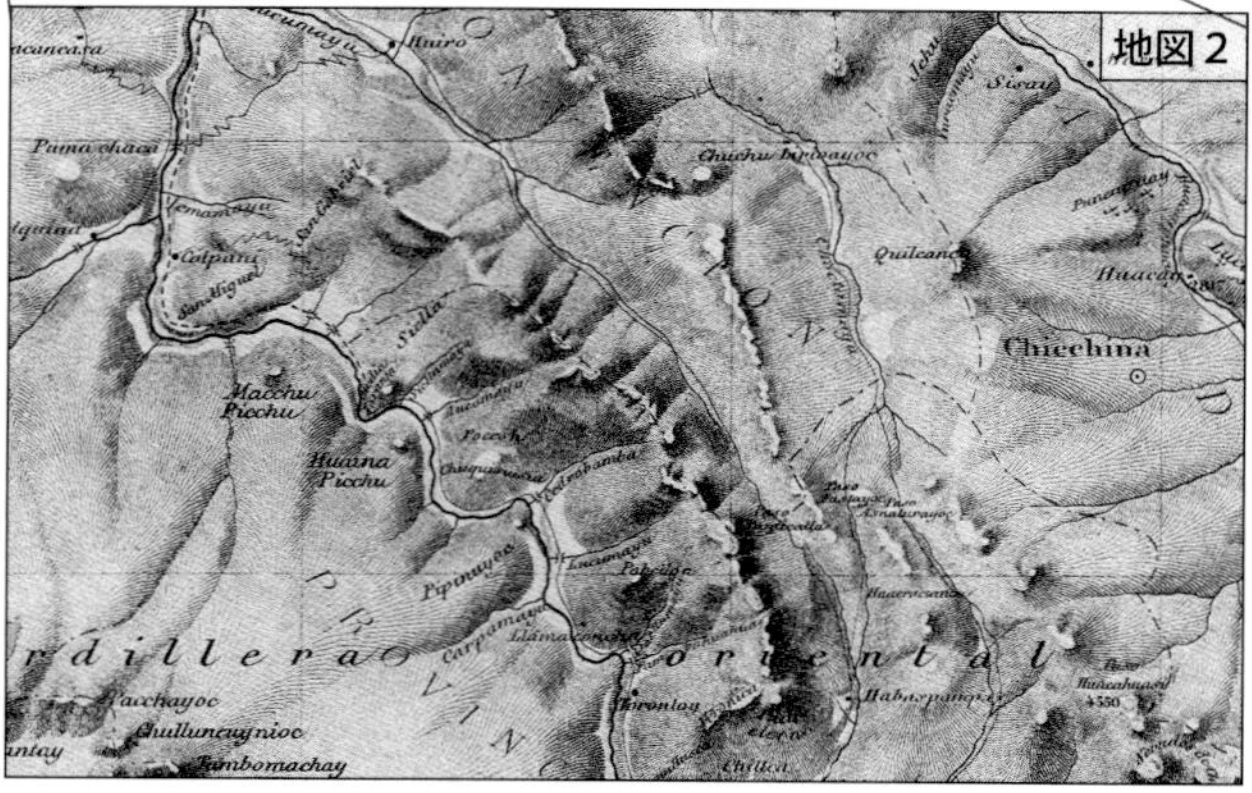


地図1（1874年、ヘルマン・ゴーリング作成。パオロ・グレール提供） ペルー政府の依頼でドイツ人技師が制作したクスコ県東部の最古の地図。アメリカ人マチュピチュ研究者のパオロ・グレールが1989年にリマ市内の国立図書館で見つけた

地図2 地図１拡大。現ワイナピチュ峰がマチュピチュとある。もしかしたら、本来はそう呼ばれていたのかもしれない

# 第一章　インカの始祖伝説と岩山カカ

## 「神々の宿る庭」ビルカバンバ山群

クスコ市に近づきつつある飛行機の窓からは、ビルカバンバ山群の主峰サルカンタイ（野生の主の意味）が見えてくる。サルカンタイは大自然神の「アプー」が宿る峰として、インカの人々からあがめられてきただけではなく、位置的にマチュピチュと隣り合うことから、帝国の栄光や挫折《ざせつ》を見つめつづけてきたにちがいない。

ペルー南部にはアマゾン川に向かう大きな支流が二本流れている。一本はアレキーパ県の山岳地に源を発するアプリマク川、もう一本はクスコとプーノ県境に源を発するビルカノタ川である。昔はビルカマヨと呼ばれていたビルカノタ川は、通称ウルバンバ川の名称を持つが、地図上ではマチュピチュのもっと下流地点からアルト（高地）・ウルバンバ川、さらに下ったところからウルバンバ川と名を変えている。

高峰がひとつの地域に集中している山群は、アンデス山脈に無数にあるが、ビルカバンバ山群はひときわ異色であった。アプリマク川とビルカノタ川にはさまれたサルカンタイ峰やプマ・シリョ（ピューマの爪《つめ》）峰を中心とした二つの大山塊、そこから急激に下降する斜面と何本もの深い谷川、それらの山麓《さんろく》をおおう雲霧林など、ここほど地形や気候変化に富む山群はほかに見られないからである。

この地方の雲霧林はセハ・デ・セルバ（眉《まゆ》、または横雲の森）と呼ばれ、東側の亜熱帯地方から上昇する温暖な風と高地側から吹きおろす寒冷の風がぶつかる霧の多いところに育《はぐく》まれ、ところによっては氷雪峰直下にまで張りついている。

高度でいえばサルカンタイ峰が海抜六二七一メートル、その西にあるチョケキラウ（黄金のゆりかご）という遺跡が約三〇〇〇メートル、そのふもとを流れるアプリマク川の谷底付近が約二〇〇〇メートル、マチュピチュが約二四〇〇メートル、その直下を流れるビルカノタ川の谷底がやはり海抜約二〇〇〇メートル、マチュピチュの南西にあるプマ・シリョ峰が海抜約六〇七〇メートル、インカ末期の皇帝たちが拠点としていた都があったエスピリット・パンパ（霊魂の原、旧名ビルカバンバ）が約一三五〇メートルに位置している。

このように、ほぼ高度差五〇〇〇メートルを持つビルカバンバ山群内（地方という言葉を使う場合もある）に、インカは「神々が宿る庭」でもあるかのように、神殿都市や砦、そこに通じる石づくりの道を築いていた。

## インカの始祖伝説とタンプ・トッコ

インカ帝国の始祖に関わる伝説は、きっと、勢力拡大に自信を持ちはじめたインカが、自分たちが神のような特別の存在であること、または、支配の軸として据えたい世界（宇宙）観などをアンデスの人々に示すためにつくったものではないかと思う。

一九一一年七月にマチュピチュの遺跡を発見したイェール大学（アメリカ）の歴史学者ハイラム・ビンガムは、翌年、『ナショナル・ジオグラフィック』誌の版元であるアメリカの国立地理学会を加えて本格的な調査を行った。ビンガムは自らの著作『インカ―失われた帝国』（『現代の冒険』8所収、泉靖一責任編集、大貫良夫訳）の中で、マチュピチュ内の「三つの窓の神殿」を目にして、以下のように記している。

一六二〇年ペルーの古代について書きしるしたペルー人サルカマイワが、初代インカ、大マンコが「彼の生れた場所に三つの窓をもつ石壁の家をたてるよう」命じた、と述べていることである。私の発見したのはそれであろうか。もしそうならば、ここは最後のインカの都ではなく、初代インカの生誕地ということになる。（略）たしかにこの地域はタンプ・トッコの条件にあてはまるもののひとつであった。

サルカマイワはペルー生まれの先住民系クロニスタ（年代記録者）、「初代インカ、大マンコ」とは伝説上のインカの始祖マンコ・カパック、「三つの窓をもつ」というところが、穴の

始祖伝説にも登場する地名プカラはティティカカ湖に近いペルー・プーノ県の高原にある。大昔の神殿と思われる遺跡がのこされている

宿の意味を持つタンプ・トッコである。このタンプ・トッコの名を持つ岩山は、クスコ県パルロ郡のパカリタンボ（夜明けの宿、または産み出す宿）という丘にある。

　ビンガムは「三つの窓の神殿」を目にして、そのパカリタンボのタンプ・トッコからマンコが誕生したのではなく、三つの窓が築かれているマチュピチュこそが初代マンコ皇帝が生まれたタンプ・トッコだと考えたらしい。

　始祖伝説の内容は、クロニスタによって少しずつちがってくる。それらについて詳しく記されている『インカ帝国探検記』（増田義郎著）には、スペイン人の僧侶《そうりょ》であるクロニスタのモンテシノスの記録として、プカラというところで他部族と戦った一族について、

王は破れ、国全体が破壊されて、小部族国家に解体してしまった。王族の残党と従者は北西に逃げて山の中にとじこもった。それがあのパカリクタンボのタンプ・トッコだったのである。プカラは、ティティカカ湖の西北方の地名である。（略）タンプ・トッコにとじこもった一党だけは、みずからを日の御子《みこ》と称して、太陽神をおがみつづけたという。

と記されている。このグループがインカの始祖とその仲間だったことになる。

プーノ県にあるプカラ（砦）という地には古い遺跡がのこされている。ビンガムはこの伝説内容からも、逃げのびた者が隠れ住むには、パカリタンボ地方のタンプ・トッコでは安全ではなく、自然そのものが要塞《ようさい》化しているマチュピチュこそがその地にふさわしいと判断したようだ。

インカには、髭《ひげ》をのばしたビラコチャ（創造主、ティシビラコチャともいわれる）がティティカカ湖の島で太陽、月、星をつくってから、各地を歩きまわって人間を産み出させ（出し）たという伝説がある。そのビラコチャをあらわしているのが、ボリビアのティアワナコ神殿（ティティカカ湖の東）の「太陽の門」に描かれている人像レリーフ、または人の姿をした石像と

上　始祖伝説の舞台ともいわれているタンプ・トッコの岩山（カカ）の上部は座台や階段に似た彫刻、ネコ科動物のレリーフなどが見られる
下　岩山裏に見られる座台。儀礼時に皇帝や神官、もしくは偶像かミイラ、またはさまざまな神々が座る席であったかもしれない

もいわれている。

どのような関連があったのかわからないが、ティアワナコに見られるという三重構造の門戸(トゥリプレ・ハンバ)が、タンプ・トッコと向かい合う地にあるマウカ・リャクタ(古い集落)という遺跡にもあるらしい。

ビラコチャ伝説はほかにもいわれているが、私がもっとも興味を抱いたのは、ビラコチャがタンプ・トッコの岩山から初代皇帝のマンコ・カパックをはじめとした兄弟姉妹を導き出したという始祖誕生の話である。

## 虹がかかる谷間とは

『インカ帝国探検記』には、軍人クロニスタのサルミエント著『インカ史』による、とのこと わり書きのあと、三つの岩の窓(穴)があるタンプ・トッコについて、

あるとき創造者ビラコチャは、(略)その窓から四人の兄弟と四人の姉妹をひきだした。(略)男の中ではマンコ・カパックというものが特に有能で、全体の指揮をとった。彼は鷹《たか》ににた聖鳥をたずさえ、手には黄金の杖《つえ》をにぎっていた。

と記されている。それからのおおよその物語は、マンコは四人の兄弟のうちの一人の性格が粗暴だったために、タンプ・トッコに黄金製品や穀物の種などを忘れたから取りに行くようにと頼み、穴にもぐらせてから仲間に命じて石でふたをして殺させた。そのあと、

マンコたちはさらに前進して、クスコの谷を見おろす丘に出た。谷間にうつくしい虹《にじ》のかかっているのを見て、マンコは吉兆だとよろこび、ふたつの黄金の杖を投げさせたところ、ひとつはコルカバンバというところに落ちてころがったが、もうひとつはワナイパタというところの土につきささった。それによってその場所がよくこえていることがわかり、定住地にすることになった。

その地の部族を追いはらったあとの話はつぎのようになる。

ワナイパタに畑をつくって種をまいたところ、りっぱなトウモロコシができた。そこでマンコはクスコの谷のふたつの川の間にすみかをつくり、インティ・カンチャと呼ばれる太陽の家を建設した。そしてここにトウモロコシ農業を基礎とし、太陽を崇拝するインカの王朝がはじまった。

マチュピチュ周辺の岩山にかかる虹。乾期、雨期にかかわらず、マチュピチュで虹を見ることは楽しみであった

インカが以上のような伝説を意図的に創作、流布したとするなら、どこかにその内容と結びつく地形や建造物があってもおかしくないはずであった。

偶然かもしれないが、この伝説を知って気になったのは虹であった。乾期（五～一〇月）や雨期（一一～四月）にマチュピチュを幾度となく訪ねた私はこの地で虹を何回も目にし、マチュピチュ一帯を虹の名所のように思っていたからである。

伝説上のコルカバンバ（食糧庫の原）かどうかはわからないが、同じ意味を持ち、似た地名のコルカパンパならばビルカノタ川のマチュピチュ下流部に位置するサンタ・テレサという集落から、サルカンタイ川（別名サンタ・テレサ川）沿いの道をのぼった奥地にある。

コルカパンパに二回出かけた私は、この地にインカの城が築かれていたとしても不思議でないほどの地形と気候があると思った。何箇所かに温泉が湧《わ》き出ている断崖《だんがい》の谷底を二〇〇メートルほど上から見おろす棚地上のコルカパンパには、そのつど、四日以上滞在したほどすばらしい空気が流れていた。

ワナイパタ（こらしめのテラス？）がどこだかはわからない。普通に考えれば、このワナイパタが都の築かれたクスコの地であり、インティ・カンチャが市内にのこされているコリカンチャ（太陽の神殿）にあてはまるかと思う。「二つの川の間」ということを狭い範囲で考えれば、昔はクスコ市内を流れていた（現在は地下水路）チョケ・チャカ川（トゥルマヨ川）とサピ川（ワタナイ川）の間とも思われる。実際、コリカンチャは、かつてのそれらの川にはさまれた地区に位置している。

だが、「りっぱなトウモロコシができた」ということからすれば、その適地は高地のクスコではなく、もっと高度が下がった温暖な気候の地とも考えられる。さらに、もっと広大な範囲で「二つの川の間」という地域を探せば、アプリマク川とビルカノタ川がもっともせばまったところとも受けとれる。そこに虹の地ということを重ね合わせると、どことなくワナイパタやインティ・カンチャがマチュピチュあたりにあてはまってくる。インティ・カンチャは「太陽の館《やかた》、または神殿」、もしくは「太陽の広場、または原」という意味を持つ。

もしかしたらインカは、大自然に囲まれた峡谷に本山《ほんざん》的な太陽神殿としてのマチュピチュを、クスコに創造的な太陽神殿としてのコリカンチャを築いたのかもしれない。つい、そのように想像したくなるほど、タンプ・トッコの伝説にはたくさんの暗示が含まれているような気がしてならない。特に、インカの紋章でもあったという虹には、よほど大切な意味が求められていたのであろう。歴代皇帝のミイラが並べられていたコリカンチャには、黄金の太陽像を飾った聖堂のほかに、黄金の壁に鮮やかな色彩で描かれていた虹の部屋があったといわれている。

あくまでも伝説は伝説である。似ているからといって無理に結びつけられない。そう思いつつも、インティ・カンチャという名がすばらしく思われてくる。伝説から話をそらし、言葉だけからイメージしても四方を山々に囲まれ、さらに虹がかかり、ふもとのビルカノタ川から湧く風や霧に包まれながらも、ほぼ一日中太陽に照らされる岩棚上のマチュピチュがもっともインティ・カンチャにふさわしいように思えてしかたがない。

## クスコの建設を命じたアヤル・カチ

タンプ・トッコから、マンコ・カパックらのエルマノス・アヤル（アヤルの兄弟姉妹）があらわれたという伝説は、小学校でも教えられているペルーでは多くの人が知っていた。アヤルはアヤラともいわれているアカザ科の雑穀キヌア（キノア）の野生種のことかと思う。兄弟にはのちのマンコ・カパックであるアヤル・マンコ（マンコという言葉には基礎とか根元の意味がある）のほかに、アヤル・カチ（塩）、アヤル・ウチュ（トウガラシ）などがいた。

彼らの名は、マンコ以外は塩やトウガラシなどといずれも食べ物に関する言葉が多い。伝説の中に、忘れ物として穀物の種が含まれ、さらに「トウモロコシ農業を基礎とし」などとあることから、始祖伝説時代のインカは、穀物のトウモロコシやこれらの食べ物を口にすることを生活の基盤としていたか、あるいは目ざしていたのかもしれない。

一六世紀に南米を歩きつづけたクロニスタ、シエサ・デ・レオン著の『インカ帝国史』（増田義郎訳）に記された内容は、パカレク・タンプ（パカリタンボ）からあらわれたアヤル兄弟のうちの一人を、アヤル・マンコが、その岩山に閉じこめたというところまでは先に引用した内容とほぼ共通しているが、それぞれの兄弟姉妹の数は三人ずつになっている。その部分あたりからの話はつぎのようになる。

閉じこめられた兄弟の一人とは、常人とは思えない勇猛さと怪力を持つアヤル・カチ（ほかの名としてワナカウリ）である。それからアヤル・マンコとアヤル・ウチュが、タンプ・キル（宿の歯）という地に住みはじめた。そこに、死んだはずのアヤル・カチが羽毛の翼をつけて空から飛んできて、驚いて逃げ出そうとするアヤル・マンコらに向かって、こわがってはいけない（略）わたしが来たのはほかでもない、インカ族の帝国が知られはじめるようにするためだ。（略）とある山間の平野を見るまで進め。そしてそこにクスコの町を築け。（略）わたしはつねにおまえたちのために神に祈らねばならず、（略）おまえたちが大きな領国をつくるのを助けねばならないので、この近くのとある丘の上に、いまおまえたちが見ているままのすがたかっこうでとどまろう。

と呼びかけたらしい。さらにアヤル・カチは彼らに向かって、その丘をグァナカウレ（ワナカウリ）と呼び、自分を神としてあがめて祭壇を築いて生《い》け贄《にえ》を捧《ささ》げよ、と命じたという。そ

上　クスコの「太陽の神殿」についで、第2の聖所といわれていたらしいワナカウリの丘（山）。頂からはクスコ市の全景が見わたせた
下　ワナカウリ山頂近くに築かれていた建物。儀礼が行われていた神官の部屋と思われる

れから『インカ帝国史』には、グァナカウレで行われていたインカの儀礼などの説明があり、ふたたびアヤル・カチらの話にもどる。そして、

彼ともうひとりのきょうだい（アヤル・ウチュ）はふたつの石像と化した。アヤル・マンコはそれを見ると、女きょうだいたちを連れて、都を建設するためいまクスコのある場所に至り、

と記されている。この伝説では、アヤル・マンコらが自分を穴に閉じこめたことを知りながら空からあらわれたアヤル・カチが、アヤル・マンコに国をつくらせ、さらにその国の守り神となることを宣言し、クスコの地に都を築けと命じたあと、ウチュとともに石に化したという内容である。さらに、同書にはグァナカウレの丘について以下のように記されている。

むかし、この丘の上には神託所があって、（略）あたり一面にはたいへんな宝が埋められており、一定の日々に、男女が生け贄として捧げられた。

また、征服者フランシスコ・ピサロの従兄弟《いとこ》でもあるクロニスタのペドロ・ピサロは『ピルー王国の発見と征服』（増田義郎訳）の中で、オレホン（耳たぶに穴を開けた貴族階級）たちが自分たちの一〇歳になった息子をオレホンとするために行わせた通過儀礼について、

毎日、クスコから半レグアのところにある丘の上にある、グァナカウレという、石の偶像のところにかよう。

とも記している。半レグアとは約二・二八キロである。頂の真下に小さな建物をのこすこの

丘は、クスコ市の南東にある。この山頂を軸として、ほぼ九〇度の角度でクスコ市方面とタンプ・トッコの岩山があるパカリタンボ地方が見わたせた。

## タンプ・トッコとチンカナ区

こうして始祖伝説に登場するタンプ・トッコの三つの窓（穴）が、マチュピチュの「三つの窓の神殿」に関連づけられて多くの人に語られているのである。

実在するパカリタンボのタンプ・トッコのいたるところに、座台らしきものや意味不明の彫刻が数多くほどこされている。この岩山は、上部にピューマらしき彫像があることから、プマ・オルコ（山）、また、プマ・カカ（喉《のど》からッカッカと発音するケチュア語で岩山を意味する。

アプリマク県のサイウィテの野山にポツンとある不思議な石。動物、水路、畑などが刻まれていることから儀礼石だったのではないかといわれている

スペイン語でカカは糞《ふん》の意味になる）ともいわれている。

だが、三〇年来の友人であるペルー文化庁クスコ支所（以下、文化庁と記す）の研究者エクトル・エスピノサは、「ピューマではなく、雷やひょうを呼ぶと昔から信じられ、北ペルーのワヌコ・パンパの神殿に描かれているものと同じフェリーノ（オスコヨスというヤマネコ）の彫像ではないか」といっていた。そういわれてみれば、クスコ市西方にあるサイウィテの儀礼石や、北ペルーのチャチャポヤス地

上　1990年代、クスコ市の中央広場の噴水の工事現場から黄金のリャマ像があらわれた
下　噴水から出土したものと同じ形をしたリャマ像（クスコ市内のインカ・ガルシラーソ博物館蔵）

方の遺跡内の石などに彫られたネコ科らしき像までがフェリーノにも思えてきた。

このタンプ・トッコの岩山を裏側から仰ぎ見ると、その絶壁には窓と呼べないこともない穴が無数にあった。案内してくれた地元の青年は、「タンプ・トッコの地下から、クスコ市方面に向かって通路がのびている」とまじめな顔でいっていた。

話はそれるが、このタンプ・トッコに似ているのがクスコ市を見おろす丘に位置し、要塞、または神殿ともいわれているサクサイワマンの近くにあるチンカナ区である。ここにも座台に似た彫刻がほどこされた数々の岩塊がある。チンカナとは洞穴の意味を持つが、この岩塊がいくつもつらなる一帯の何箇所かに洞となった通路も見られる。

そのひとつが、現在は入口がふさがれているものの、クスコ市内の「太陽の神殿」につながっているといわれている通路である。インカ時代の「太陽の神殿」の庭園には黄金のトウモロコシが並べられていたという。クスコ市内の多くの人は、今も黄金が地下通路内に眠っているというだけではなく、「洞穴にもぐった男が黄金製のトウモロコシを手にして出てきたが、それから間もなく死んでしまった」と語っている。

最初のころ、私はそのような話を笑いながら聞いていたが、一九九〇年代に入ってから「もしかしたら」と思いはじめた。市役所が中央広場（プラサ・デ・アルマス）の噴水を囲って改修工事をしていたら、地中からリャマ（ラクダ科の家畜）の黄金ミニチュア像があらわれてきたからである。工事が長かったのは、文化庁も乗り出した黄金探しに切り換えられていたためでもあった。

㊧　何を求め、何が行われていたのだろうか。チンカナ区には岩山や岩の下に洞がいくつも見られた
㊨　チンカナ区の巨石には逆さにしたような階段が刻まれていた。不思議としかいいようがない

また、一九九〇年代はじめ、文化庁のチームは地下通路を求めて、「太陽の神殿」近くの地下を長期間調査した。めぼしい出土品は見つからなかったようだが、文化庁内にも地下道とそこに眠る黄金の話を信じている研究者がいることになる。

シエサ・デ・レオンは『インカ帝国地誌』（増田義郎訳）でクスコ市について触れた記事中、

> この都市の多くの場所に、大きな地下建造物がある。そしてその内部自体に、敷石や下水溝が今日でも見つかり、埋められていた宝石や金の品物すら発見されることがある。

反対側に地下通路の入口があったといわれるチンカナ区の巨石全体に座台らしき彫刻がいくつも見られた

と記している。これらの地下通路の話がチンカナに結びつけられて語られているのだ。

タンプ・トッコでもいわれていた地下通路、それ以上に現実味がありそうなチンカナ区からの地下通路の話などは何を意味するのだろうか。想像するとしたら、現在の村人たちも口にする三つの世界――ハナクパチャ（天空の世界）、カイパチャ（現世、または地上の世界）、ウクパチャ（地下、または死の世界）――のひとつ、ウクパチャに関連しているのかもしれない。

ハナクパチャやカイパチャには、永遠の生や神が宿るといわれているが、ウクパチャもまた、地下や死とつながる無の世界だけではなく、神々や死者が生きて呼吸している世界、または大地に生を育む力が秘められている世界になるのかもしれない。

## インカ時代の生者と死者

インカ時代の人々が、生きている者と死んだ者との関係をどのように捉《とら》えていたかは理解しにくいが、征服当時のクスコを目にしているペドロ・ピサロは、このクスコにいた人々を見ると、驚きを感ずる。彼らの大部分が、（略）死者たちに仕えていて、毎日それを広場にかつぎ出し、それぞれ古さにしたがってきちんと並べて、そこで男女の使用人が飲み喰いした。

さらに、死者たちの前に置かれた金や銀、粘土でつくられた大きな水がめに、ここに人々は死者たちに捧げるチチャを注ぎこみ、（略）死者たちがたがいに酒をすすめ合い、死者が生者に、生者が死者にそれをすすめ合うのだった。

と記している。ここでの「死者」とは、王族、もしくは自分たちの祖先のミイラではないかと思う。チチャは、トウモロコシ製を中心とした酒の名称として中米で使われていた言葉を、南下してきたスペイン人が南米方面に広めたものらしい。現在のクスコ県方面ではチチャやチチャ・デ・ホラ（発芽トウモロコシの酒）という言葉がおもにトウモロコシの濁り酒として使われているが、もともとは、この地方のケチュア語でアクハ、ペルー中央部のアヤクーチョ県方面ではアハとかアスワと呼ばれていたようだ。

征服者の入城間もない一五三九年のクスコで、スペイン人貴族とインカの皇女との間に生まれたクロニスタのインカ・ガルシラーソが、一五六〇年にスペインに渡ってから書き上げた『インカ皇統記』（牛島信明訳）には、インカ王や有力な首長が死んだときについて、
彼らの身近に仕えていた召使や、寵愛《ちょうあい》をえていた側室たちは、死後の世界で王に、そして主人にお仕えするのだと言って、殉死したり、生き埋めになったりすることを望むのであ

インカ・ガルシラーソ博物館蔵の女性のミイラ。束ねられている髪の毛の長さに驚かされる

った。それというのも、（略）死後にも、現世と相似た生が、それも霊的なものではなく、肉体を備えた生が存在すると信じられていたからである。

と記されている。インカの人たちは、体が死しても生は永遠に続くものだと捉えていたのかもしれない。

チンカナやタンプ・トッコに見られる不思議な座台は、儀礼の際の大自然神アプーや大地聖母のパチャママなどの神々の座、または、普段は近くの洞にかくまっておいたか、各地に分散しておいた石の偶像を集めてきて並べた棚、または、墓地から運んできたミイラの休息場だったとも考えられる。

『インカ帝国地誌』には、征服者フランシスコ・ピサロの母ちがいの弟エルナンド・ピサロとその仲間が、タンプ・トッコのあるパカリタンボから、「何べんか大量の金を入手した、という」と記されている。また、ペドロ・ピサロは、フランシスコ・ピサロによって傀儡《かいらい》皇帝とされたマンコ・インカ（のち、ビルカバンバ地方に逃げこんだ）の命令で殺された彼の兄弟が、

クスコの城砦の裏側の平地に、地下洞窟《どうくつ》があり、中に四〇〇〇箇以上の金銀の荷が埋められている、と言った。

とも記している。クスコの城砦とはサクサイワマン、その近くの洞窟がチンカナ区だったとするなら、チンカナ区とタンプ・トッコがますます似た意味を持つ聖所にも思われてくる。

インカというとすぐミイラを連想しがちだが、数多くの遺体がミイラとしてあらわれたのは、北ペルーのチャチャポヤス族がのこした墳墓である。ここでは「空中墳墓」と呼んでもいいほど、大岩壁の棚に、布に包まれたあとから荒縄で巻かれた無数の遺体が安置されていた。もっとも大きな断崖墳墓は、高度差数百メートル、幅一キロ近くの規模を持つ。

これらのミイラに、インカの処理技術が見られるともいわれているが、インカがチャチャポヤス地方を征服したのは一五世紀末か一六世紀のはじめ、スペイン人があらわれるおおよそ三〇年前である。その短い期間内に、ミイラの処理技術の影響を広大なチャチャポヤス地方の全域におよぼすことがほんとうにできたのであろうか。なにしろ、大量の亡骸《なきがら》が霧の多い断崖の墳墓に納められていたにもかかわらず完璧《かんぺき》にミイラ化していたのである。

一方、インカの死者崇拝も根強く、クスコ市近郊を流れるビルカノタ川沿いに続く「インカの聖なる谷間」（以下、「聖なる谷間」と略す）の断崖には、いくつもの小さな洞があって、その中に亡骸が納められていた。だが、チャチャポヤス地方よりも乾燥地にもかかわらず、ミイラとしてのこっていたものは少なかったようだ。インカ時代、クスコ地方で完璧に処理されていたミイラは皇帝や王族、そして高位の首長だけだったのではないかと思う。

## 岩山カカとマチュピチュ

話をもどすと、チンカナ区の岩塊の洞、またはタンプ・トッコの岩山などを目にしていると、岩山（岩塊）なるカカがインカにとっての産みのマドレ（聖母）、聖所中の聖所のような存在だったようにも思われてくるのである。

現在まで私が歩いてきたアンデス地方をふり返ってみると、もっとも立派なカカに囲まれていたところはマチュピチュ周辺であった。ワイナピチュ峰はもとより、マチュピチュ峰もまた裏側（西側）から見れば断崖の岩山、マチュピチュ前方にあるプトクシ（別名メディア・ナランハ）やその近くの峰々も岩山である。もし、インカがタンプ・トッコ以上のカカが集まる地域に聖域を求めたとすれば、このマチュピチュ一帯こそがもっともふさわしかったにちがいない。

それにしても、インカはどうしてここまで石の建造物にこだわりつづけたのだろうか。きっと、インカにとって、それらの石のすべては単なる建材ではなく、自分たちのマドレでもあるカカの分身的な存在としてあがめ、求めつづけていたのではなかっただろうか。

また、『インカ帝国史』に、アヤル・カチらの兄弟が「石像と化した」と記されていることからすれば、それぞれの石には初代インカの兄弟的な意味も含まれていたのかもしれない。

このようにインカについては、とどまるところを知らないほど想像がふくらんでしまう。次章ではインカ道をたどってマチュピチュへと向かってみたい。

# マチュピチュとつながる道

霧が多いインカ道のプヨパタ・マルカ（霧の高地テラス、館）から、アプー（自然神）が宿るサルカンタイ峰（海抜6271m）を間近に望めた。この山はビルカバンバ山群の主峰でもある
前ページ インカ道の裏側にあたる西側から見たサルカンタイ峰

マチュピチュからも望めるビルカバンバ山群のプマ・シリョ峰（海抜約6070m）。要塞都市チョケキラウやエスピリット・パンパへと続くインカの道が峰近くの山稜や谷間を走っている。右側方向の稜線直下にリャクタ・パタという遺跡がある。

海抜約3530mのプヨパタ・マルカの夕暮れ。いつもビルカノタ川の谷間から湧き上がる霧の名所が見せる天空の世界。快晴時はサルカンタイ峰やプマ・シリョ峰などのビルカバンバ山群、またビルカノタ川の東側につらなる山々が一望できる

[上] プヨパタ・マルカ近くのインカ道は森林に囲まれている。[下右] インカ道起点ともなる川沿いのコリワイラチナ遺跡の階段。[下中] インカ道を歩きはじめて２日目の道はウンカという硬木に囲まれた川沿いに階段が続く。[下左] 海抜約3000mを走る石畳の道

上 パカイマヨという地点へと下るインカ道にはときどき花が見られた。 下右 インカ道からサヤク・マルカの遺跡へ向かう細い階段。 下中 サヤク・マルカ遺跡にのぼった道には石柵が設けられていた。 下左 インカ道には3箇所ほどトンネルがあった

[上] インカ道を歩きはじめて3日目に到着するルンクラカイ（籠型の小屋）は中心部が円形、全体としては楕円形をしていた。[下] サヤク・マルカ（海抜約3500m）遺跡の下部にあるコンチャ・マルカ（カマドの館）

上 岩山を背にしたサヤク・マルカは皇帝の宿舎だったといわれる。右下 岩が削られた水路に溝が彫られた丸太か何かが渡されて遺跡側へと水が運ばれていた。左中 皇帝が休息していたと思われる部屋。左下 儀礼が行われていたらしい楕円形建物

プヨパタ・マルカ。亜熱帯地方から吹き上げてくる温暖の風が、この地の寒冷の風とぶつかってプヨ（霧）が湧き上がってくる。この霧を利用して高地のアンデネス（階段畑）で作物が栽培されていた

上 プヨパタ・マルカのアンデネスを貫く石段。高地であることからキヌア（アカザ科）やジャガイモが栽培されていたのであろう。下 乾期にもかかわらず、霧が流れることから海抜3500mの稜線直下であっても天水のような水が湧き出ていた

上 プヨパタ・マルカの遺跡から見おろしたインティ・パタ（太陽のテラス）のアンデネス（階段畑）を朝の陽光が照らす。下 プヨパタ・マルカ方面から流れ落ちる谷川近くにあるウニャイ・ワイナ（若々しい生長）の遺跡。一帯は野生蘭の宝庫でもある

マチュピチュ直下を流れるビルカノタ川の谷間にかかる虹。
マチュピチュ一帯は乾期、雨期にかかわらず虹がかかる。
伝説上の初代インカは虹を見て「吉兆だ」と喜んだという

リャクタ・パタという稜線から遠望した、マチュピチュ峰裏側の断崖絶壁を横切る帯状の断層に似たインカの道。この道から、リャクタ・パタの稜線を越えてビルカバンバに向かっていた。左側上方の断崖下に石垣を積んで築いた「インカの橋」が見られる

ウニャイ・ワイナ上部のインカ道から眺めたビルカノタ川の谷間。現マチュピチュ村（旧アグアス・カリエンテス）近くの鉄道を、観光客を乗せた列車が走っていた

# 第二章　マチュピチュへとつながる道

## インカ道の起点

マチュピチュ内の二層の地中から出土した木炭を炭素測定したら、一五世紀と七世紀の年代結果が出たらしい。とすると、ずいぶん昔から人が住んでいたようであるが、実際にマチュピチュを建設したのは、小勢力であったインカを一五世紀に急成長させたパチャクティ皇帝（第九代）といわれている。

そのパチャクティか、もしくはそれ以前の皇帝かはわからないが、いざ、マチュピチュに城を築こうとしたとき、ほんとうにその地にふさわしいかどうかの確認が必要だったのではないかと思う。その際、軍事的な防御面、地盤や地形などの安全面、大自然の神々に見守られているかどうかの宗教的な方位面、気温気候や水などの日常生活や農業面、都市や道を築く建築や土木面などの調査が、それぞれの分野の専門家たちによって行われたにちがいない。

上空から見た1970年代後半のプヨパタ・マルカ。現在のように整備されておらず、アンデネス（階段畑）、水路、階段などが草におおわれていた

位置、気候、地形に恵まれたマチュピチュという地に気づいたことにも感心させられるが、そこにつながるインカ道の建設地を起伏の激しい山野に見つけたこともまた驚きである。このインカ道は、広大なインカの領土の東西南北にのびていた幹線的な王道とは意味が異なり、おそらく皇帝をはじめとした限られた人たちだけが歩けた道だったのではないかと思う。

そう想像したくなるほど、精度の高い石垣や石畳の道が、想像を絶する労力によって築かれているのである。

私がこのインカ道をはじめて歩いたのは一九八〇年代はじめである。だが、このころはまだまったく整備もされておらず、石畳の道はあったがどこもぼうぼうと茂る草木におおわれていた。途中の遺跡もまた全体像をつかめないものが多かった。だが、一九九〇年代後半に再訪したときは、この道を三泊四日ほどの日程で歩こうとする外国人であふれていた。

二〇〇〇年代に入ると、あまりにもトレッカーが増加しすぎたことから文化庁は自然保護と遺跡保護の両面から、個人でこのルートを歩くことを禁止して旅行会社のツアーに参加する形に規制していた。二〇〇八年、私はそのツアー客の一人として三回目のインカ道に出かけようとしていた。だが、運良く二五年来の友人でもある文化庁の研究者ペドロ・タカが向かうインカ道の調査の随員に加わる許可をもらうことができた。

ビルカノタ川沿いの「聖なる谷間」にあるオリャンタイタンボ（海抜約二八五〇メートル）は、クスコ市とマチュピチュを結ぶ中間地点にあり、大きな神殿のほかにインカが宿（タンボ）とした建造物群が並んでいる。ここから川沿いにマチュピチュへと向かう道がのびていたが、その痕跡《こんせき》は鉄道が敷かれたことによって失われたという。

現在のインカ道の起点は、クスコ市からの鉄道で八八キロ地点に位置するビルカノタ川沿いのコリワイラチナ（黄金の砂金床、海抜約二五五〇メートル）である。鉄道側から石段が下降している川幅のせばまったところに、昔あった縄の吊《つ》り橋《ばし》跡に、鋼線と板を利用した橋が架けられている。

上　鉄道の88キロ地点。コリワイラチナの遺跡からビルカノタ川にかかる橋の基部を雨期の水から守るための石垣の補強
下　約50mにわたる対岸（鉄道側）に見られた補強用の石垣

その橋を渡りながらインカの仕事に驚かされた。かつての橋の土台として巨石の上に石垣を組んでいた。渡り終えてからふり返って目にした対岸の橋の上流側には約五〇メートルにわたって石垣が積ん

歩きはじめて２日目。ウンカの森を過ぎてからあらわれてくるリュリュチャ・パンパ（小さな草原）には、インカ道を歩くツアー客用のキャンプ地があった

であった。それらが、乾期の数倍以上にも水量を増す雨期の激流が数百年間もぶつかっていたにもかかわらず、インカ当時のままに微動もせずにのこされているのである。

ここから、ケンテ・マルカ（ハチドリの館、マルカには高地の意味もあるが、建物の場合は館とする）とも呼ばれているパタ・リャクタ（テラスの村、リャクタ・パタともいわれる）という遺跡地帯を通って、海抜約三〇〇〇メートルの野営地ワイリャ・バンバ（緑の原）へと向かう。二日目は約四二〇〇メートルの峠を越え、約三四〇〇メートルのパカイマヨ（マメ科果実パカイの川）というキャンプ地へと下る。この日の午前中ののぼり道はとんでもなくきつい。だが、途中までは、谷川近くの広い石段の道に沿ってウンカという硬木が茂っていたおかげで、強い日ざしを浴びずにすんだ。

翌日、約三七〇〇メートルの斜面地帯に、ルンクラカイ（籠《かご》型の小屋）という遺跡があらわれてくる。乾期、寒い風が吹きこんでくるらしいこの地の気候条件からすれば食糧庫とも思えたが、建物の中心部が円形、全体としては楕円形《だえんけい》であるところから儀礼が行われていた館だったかもしれない。円や楕円形を持つインカの建物は、クスコの「太陽の神殿」をはじめとして、宗教的要素が濃いといわれているからである。

## 未完成の城サヤク・マルカ

このあと、大きな岩山を背にした海抜約三五〇〇メートルの斜面に、サヤク・マルカ（切り立った地の館）の遺跡があらわれてくる。ここは、皇帝の宿舎を兼ねた要塞的な城だが、何かしらの儀礼も行われていたのだろう。最上部には楕円形をした神殿のような建物も築かれている。

この遺跡で目を見張らされたことはいくつかある。そのひとつが水路であった。楕円形建物上部のへりに沿った水路に水を導くために、岩稜との空間に溝を掘った木か何かを渡していたのである。それだけではなく、その岩稜に突起した岩が羊羹《ようかん》のように削られた水路となっていた。周辺の岩山の斜面はとても湧き水が得られそうには見えなかったが、インカはその上部のどこかに水源を見つけて水を引いていたことになる。

こうして緻密《ちみつ》に築かれていたサヤク・マルカが未完成だったのである。中央部の高台にある部屋の入口に取りつけようとした、木戸らしきものを結びつける石の穴がひとつは貫かれ、もう一方は未貫通のままのこされていた。この未貫通の「穴石」は、ほかにも皇帝の寝室と思われる部屋につながる通路でも見られた。

一体、インカは誰《だれ》を、または何を怖《おそ》れていたのだろうか。そう不思議に思ってしまうほど、

上　サヤク・マルカの部屋の扉用だったと思われる「穴石」、左は未貫通、右は貫通済み。中心部にあった部屋からしてサヤク・マルカは完成途上だったと思われる
下　左は奥に向かう回廊で見た貫通済みと未貫通の穴。右は奥の小部屋にあった未貫通の穴

この館には、二重三重の安全策がほどこされていた。通路、そして皇帝が休息したであろう奥の部屋の入口部、さらに、皇帝の寝台と思われる石棚前の両脇《りょうわき》にも、このような木戸らしきものを備えつけようとした「穴石」が見られたのである。

　この奥の一画で皇帝が休息していたと思われるのは、マチュピチュ内の皇帝の館との共通点が二つ見られたからである。そのひとつは、トイレである。マチュピチュ内に無数にある部屋の中で、同じ部屋続きで明確にトイレに使われたらしい空間があったのは皇帝の館だけであった。それと同じく、サヤク・マルカの奥の部屋の隣にもはっきりと専用トイレとわかる小部屋が用意されていた。

もうひとつ、ほかの一画では目にできない共通点は、猛獣らしき動物をつないでいたと思われる壁にはめこまれたひとつの大きな「穴石」である。仮にそうだったとしたら、その獣は、「穴石」の規模、または気候変化への適応力や人間への順応力からしてピューマだったのではないかと思う。

パタゴニア地方に出かけたとき、鎖をつけられて運転席の屋根上につくられた囲いの中に乗せられていたり、庭の中で遊んでいたりしたピューマを見かけた。いずれのピューマも主人に対しては驚くほど従順であった。文化庁の研究者たちによれば、皇帝は年に一～二回、マチュピチュを訪れていたらしい。そのとき、クスコで飼いならしていたピューマを連れてこの道を歩いていたのかもしれない。

クロニスタのインカ・ガルシラーソは、クスコの都では大蛇、ジャガー、クマなどともにピューマが飼われ、そのブロック名はプマ・クルク（ピューマの胴、丸太）、プマ・チュパン（ピューマの椎骨《ついこつ》、尻尾《しっぽ》）だと記している。クスコの町は、サクサイワマンを頭部として、ピューマの形を模して築かれていたといわれる。そのことからすると、これらのブロック名は単純にピューマの体部分にあてはめられただけかもしれないが、熱帯側と思われる地方の首長から、たくさんの猛獣が献上されていたというからピューマがどこかで飼われていたのはほんとうな

左　ワルミ・ムニュスカ（女の死）という峠のトンネル
中　サヤク・マルカを過ぎた地点にあったトンネルを行くツアー客用の野営用具を運ぶポーター
右　プヨパタ・マルカ下部にあるトンネル

のであろう。

## 霧が湧く雲上の大パノラマ

サヤク・マルカから海抜約三六〇〇メートルのプヨパタ・マルカ（霧のテラスの館）へは、石畳の平《へい》坦《たん》な道がのびている。だが、その道のほとんどは急斜面に高く積まれた石垣によって支えられていた。急に視界が開ける尾根上からは、マチュピチュ方面へと流れるビルカノタ川、その川沿いにのびる鉄道などがはるか下方に眺められた。

プヨパタ・マルカに到着すると視界は大パノラマに拡大し、ほぼ前方（北）下方にマチュピチュ峰、そこを囲むビルカノタ川東側の峰々のつらなり、前方左（北西）方向にはビルカノタ川下流沿いの山々、真横側（西側）遠方にはプマ・シリョ峰を中心にして集まっている大山塊、そして背後（南側）方向にはサルカンタイ峰がそそり立っている。

この展望台的な稜線直下にあるプヨパタ・マルカの遺跡近くには、乾期でも涸《か》れることのない天水そのものが石づくりの水路から流れ落ちている。

ここから石段を下りつづけた海抜約二六〇〇〜二八〇〇メートルの雲霧林の急斜面地に、アンデネス（階段畑）を持つウニャイ・ワイナ（若々しい生長）やインティ・パタ（太陽のテラス）の遺跡があらわれてくる。

ここまでたどってきたインカ道では、見晴らしのよいところには石が敷かれた円形、あるいは半円形の地がたびたび見られた。そこは旅の疲れを癒《いや》すサマナ（休息場）の跡でもあったと思われるが、高台に位置するサマナでは、現在の村人にも見られるアパチータ（アパチェータ）という峠の守り神への祈りを行っていたのかもしれない。マチュピチュまでは二時間ほどと距離がせばまってくる。

海抜約3530mの高度を持つプヨパタ・マルカは夕方から朝にかけての冷えこみはきついが、展望のすばらしいこの地でキャンプ体験をしようというツアー客は多い

## 数本の道と参道としてのインカ道

マチュピチュには、ここまで記したインカ道のほかに数本の道がつながっている。そのひとつが、観光バスが通過しているマチュピチュ直下の橋につながる道である。ここから、鉄道の敷かれる前までは、上流側のコリワイラチナ方向に向かう難所続きのイ

マチュピチュから下った間道が川沿いにあったインカ道（現在は鉄道）につながっていたのであろう。線路脇には、その道とともにつらなっていたと思われる石垣が続いている

ンカの道がのびていたといわれる。

ほかにマチュピチュから発し、ワイナピチュ峰の頂上を目ざしてから裏側にある「月の神殿」へと下る道、または、この頂上を目ざす道の途中から「月の神殿」へと向かう道がある。それらの道は、「月の神殿」で合流してからビルカノタ川へとのびているという。

マチュピチュの裏側（西側）の絶壁にも、ビルカノタ川へと向かう間道が拓《ひら》かれている。やはり、鉄道に埋もれてしまったが、かつてはあったであろうインカの道に並行していたと思われる巨石の石垣が斜面側に見られた。この道が、現在のサンタ・テレサという集落からサルカンタイ川奥地のコルカパンパからチョケキラウの城塞方面へ、または、サンタ・テレサから山稜やビルカバンバ川沿いに、ビルカバンバ地方へとつながっていたはずである。

ビルカバンバ地方奥地には、インカ末期の皇帝たちがすごしていたビトコスの都だったかもしれないロサス・パタ（バラのテラスとスペイン人が名づけた）や、そこからいくつもの山や川、峠を越えてたどりつく、エスピリット・パンパ（旧ビルカバンバ）の都などがのこされている。

マチュピチュにあるもう一本の、きっと重要だったであろう道は、見張り棟の広場からマチュピチュ峰裏の断崖下に設けられている「インカの橋」へと通じている。この橋からさらに、帯状の断層に似た道が大岩壁を横切っている。途中から崩壊しているらしいこの道は、マチュピチュ峰の背後を走る峡谷（アオバンバ川）を通過して、マチュピチュの高台から遠望できる山稜付近にあるリャクタ・パタ（集落のテラス、コリワイラチナ近くのパタ・リャクタとはちがう。ここもまたパタ・リャクタともいわれたりする）という遺跡、サルカンタイ川沿いに位置するルクマ・バンバの村を経由してエスピリット・パンパにつながっていたようだ。

マチュピチュそのものが天然の要塞にも思われるが、遺跡正面側ともいえる東側に張りめぐらされた石積みの防壁や何本かの細い間道などを見ると、都市を守るために軍兵士たちが数多くマチュピチュに常駐していたようにも思われてくる。だが、マチュピチュ直下にある博物館のカルメン・フラドは、「マチュピチュを放棄する際に持ち去ったとも考えられるが、都市内から見つかったマカナ類はほんとうに少なかった」といっていた。

マチュピチュから西側にのぞめる稜線直下に築かれているリャクタ・パタの遺跡。晴天だとサルカンタイ峰が背後に望める。タンボ（宿）、もしくは儀礼を行う神官たちの館だったかもしれない

マカナとは棒の先にくくりつけた球状、星型、斧《おの》型などの石の武器である。弓矢を使わなかったインカは、ほかに狩猟用でもあるリウイ（一本の長い紐《ひも》に結ばれた三本の紐の先端に丸石が皮で包ま

れて分銅となっている)、硬木の先端に鋭角の石、青銅の武器をくくりつけたチュキ(槍《やり》、投げ槍)などで戦っていたかと思う。

これらの武器が少なかったという面から想像すると、ある程度マチュピチュが持っていた性格が浮かび上がってくる。

都市内の中央広場の北東側に並ぶ建物群の中にある館や、見張り棟広場の上部に並ぶ細長い建物は巡礼者たちのタンボ(宿)だったともいわれている。見張り棟広場には、アパチータ(峠の守り神)信仰の跡として巡礼者がかかえてきたといわれる石が無数に見られる。いずれも細長くて丸いような形をしているので、どこかの川の石か、または石の加工用としてほかの地で使ったものを一人一人が持ち寄ってきて積み重ね、祈りを捧げていたのではないかと思う。

次章でもっと詳しく触れるが、おそらくマチュピチュはインカにとって最高の神託を受ける聖殿都市であったように思われる。そう仮定すると、ここまで記してきた八八キロ地点からマチュピチュへとつながるインカ道は、王族や神官、そして各地方から特別に招かれた巡礼者たちがマチュピチュを詣《もう》でるために歩く参道ということになる。

# 太陽と霧の城

前ページ　乾期６月に空から見たマチュピチュ。現在、無人のマチュピチュは目にすることは難しい。ふもとを流れるビルカノタ川とそれに沿った線路は裏側のマンドル・パンパ方向に向かっている

海抜約2400mの岩棚に築かれたマチュピチュを正面（東）側のプトクシ峰から見る。傘のような形をした樹木近くに「３つの窓の神殿」や「本神殿」が並ぶ。正面の稜線近くにリャクタ・パタの遺跡がある

リャクタ・パタの稜線から遠望した天然要塞としてのマチュピチュ。
裏側（西側）は数百メートルの急峻な絶壁がビルカノタ川へと切れ
落ちている。その断崖上にアンデネス（階段畑）が築かれている

朝のマチュピチュ。ふもとから湧き上がった霧が東側の山塊からさしこんだ陽光に照らされて揺れていた。霧に包まれたマチュピチュを見るとほんとうの空中都市がそこにあると思った

岩峰ワイナピチュの頂からマチュピチュの都市を見おろす。ワイナピチュのピーク近くにも狭い階段畑がのこされていた

左ページ　空から見たマチュピチュの中心部。都市下部には石垣を積んだ防壁が見られる

上 技術者たちの館が並ぶ区画。中 皇帝の館内部。左側と右側に寝室がある。くぼみがある石は水鏡だったかもしれない。正面奥左と右側部屋奥にトイレらしき空間があった。下 皇帝の館入口部にある大きな「穴石」。猛獣をつないでいたのかもしれない
右ページ上 見張り棟がある広場。右側上部の建物は特別に参詣が許された巡礼者たちのタンボ（宿）だったともいわれている。右ページ下右 マチュピチュの都市内に入る正門。右ページ下左 階段をはさんだ上部両側に皇帝や皇女の館がある水道街

上 タンプ・トッコの伝説の窓と関連づけられることが多い「３つの窓の神殿」に陽光がさす。この窓の外側から灰や壊れた壺類の破片が出土している。
下 「３つの窓の神殿」と並び、マチュピチュ内の最高の神事が行われていたと思われる「本神殿」とその広場。左側に方位計らしき石がある

左上 太陽の運行によって時刻を計っていたともいわれているインティ・ワタナ（日時計）。インティ・ワタナには「太陽をつなぎとめる」というような意味がある。左下「コンドルの神殿」。コンドルは雨を呼ぶ使者だったともいわれている

右上 クスコ市内の「コリカンチャ（太陽の神殿）」に似た形に築かれている大塔では天体観測が行われていたともいわれている。右中 祖先の霊を祀っていたといわれる霊廟。内部に日時計らしき石がある。右下 前方に立つヤナンティン峰の擬似ともいわれている「儀礼石」

上 「本神殿」裏側上部に半円形に石垣が積まれてインティ・ワタナへとつながる広場が作られている。下右 「本神殿」裏側にある「女性神官の部屋」近くの断崖にも半円形の石垣が見られる。下左２点 「本神殿」と向かい合う「男性神官の部屋」と「女性神官の部屋」。いずれも神官たちの控えの間だったかもしれない

上 マチュピチュ上部のインカ道の脇には基壇が設けられたママパチャ（大
地の母）という巨石がある。この下部からビンガムは高官女性の亡骸を発
見した。下 ママパチャの岩近くのインカ道上部にある儀礼石

上 大きな洞の中に築かれていた「月の神殿」、ビンガムはこの地を「大きな洞」と呼んでいた。下右・下中 月の神殿に通じる道。断崖の岩盤が削られ、さらに下側から垂直斜面に積まれた石垣。崩れ落ちないのが不思議である。下左 急斜面にのびる石の階段を１人の男が歩いていた

右ページ ワイナピチュ峰にのぼる階段状の道が見られる。頂に近づいてから２本に分かれているが、いずれも急勾配で、１本の道にはトンネルもある。「月の神殿」には途中から左側に分岐している道と、ほかに頂から下る道がある

上 マチュピチュ峰の裏側にある「インカの橋」もまた、断崖に積まれた石垣によって築かれていた。この上に、おそらく硬木のチャチャコマかウンカを渡していたにちがいない。下右 チョケキラウの遺跡に向かうときに下ったビルカバンバ地方のインカ道。下左 マチュピチュの裏側断崖に築かれている間道。この道もビルカノタ川に沿って、ビルカバンバ地方にあった都へとつながっていたはずである

# 第三章　自然界とつながるテーマパーク

## パチャママとアプー

マチュピチュは第一章で記したように大カカともいえる岩山群に包まれ、ふもとをビルカノタ川が囲むようにして流れている。大自然をあがめたインカの城としては、絶好の地形と自然環境がそろっていたのではないかと思う。ここで「大地聖母」のパチャママと、「大自然神」のアプーについてもう少し触れたいと思う。インカの主神でもあった太陽とともに、マチュピチュがこれらの神々と向き合うために築かれていたとも思われるからである。

アンデスの村人にとってパチャママとは、人もしかり、草や木などを含めて大地に育まれるすべての生命を産む親のような存在で、酒を飲むときでもかならず大地に献酒（ティンカイ）し、コカ（麻薬コカインの原料の葉）を嚙《か》むときは最初に空に吹き上げて捧げる。

それは人間の仲間のように生きている神で、人がものを欲するときはパチャママもまた同じものを欲していると考えられ、村人はそうした献酒やコカの葉を捧げることを怠らない。放牧や作物の実りを願う儀礼を行うときは、石や泥でつくったリャマやアルパカのミニチュア像の呪物《じゅぶつ》（イリャ）や、トウモロコシの粉、家畜の脂肪、聖なる野草などを大地に供え、香や香木を焚《た》いてこの神に祈る。そうしなければパチャママが機嫌を悪くして、怒ったりすねたりすると信じているからである。

インカ時代からの風習として、ワラカ（投石縄）を使って村と村が石投げ合戦を行ったり、あるいは男や女同士がなぐり合ったりする村祭りが現在も行われている。戦いで流れた血を大地にもどすことで、パチャママが作物をより豊かに実らせてくれると信じているのである。

一方のアプーは、アプーのシンボルともいわれる雷をはじめ、人間の力ではどうにもならない自然の森羅万象を支配するような存在で、大きくて特徴ある峰や湖、川などに宿っているとされている。

パチャママを母性の神とすれば、アプーはもっと怖そうな父性の神で、やはり、ほとんど生きている人間と同じようにあがめられ、祈りや儀礼を怠ったりすると機嫌を悪くして罰を下すと信じられている。また、旅行者に対しても好き嫌いがあるようで、気に入らないグループが氷雪峰下の峠を通過すると、大雨や大粒のひょうを降らせるだけではなく、氷のブロックや岩を落とすらしい。

あくまで私が村人と接しながらつかんだパチャママやアプーの印象であるが、インカ時代の信仰はもっと奥深く、現在の村人以上に畏《おそ》れていたのではないかと思う。

これらの神々の世界とインカはどのようにして結ばれようとしていたのだろうか。その舞台でもあったマチュピチュの主要部を歩いてみたいと思う。

## 中枢神殿区

インカの石工たちは、石造建築のためにアプリマク川上流に多いヒワヤ（イワヤ）という黒色の硬石をおもな道具としていた。穴や内角をどうやって加工していたのかは想像もできないが、球形や楕円形のヒワヤや斧型の石を棒にくくりつけた道具を利用して、カミソリの刃も入らないほどの石組みを完成させていたことになる。

そうして建設されたマチュピチュは、本来あった稜線《りょうせん》の棚地や斜面などの地形に合わせて築かれていたように見えるが、最近の調査によれば、斜面に石壁を建てた中に小石や土砂を積み重ねて基礎をつくり、それから計画していた建物や広場、通路を築いていたようである。だからこそ、マチュピチュが持つ整然さや整合さが生まれているのではないかと思う。

そのようなことからすれば、マチュピチュは建設前から聖殿都市的なテーマパークとして構想され、それぞれの建物や聖石などの向きや位置が決められていたことになる。

マチュピチュのほとんどの建物はほぼ東側に向けられ、東側の階段畑アンデネスは北側（北半球でいえば南側）にほぼ向けられている。

上　山村の家畜繁殖儀礼では大地の神に捧げるためにトウモロコシなどが埋められる

中　家畜儀礼で使われたと思われるアルパカのミニチュア像の呪物のイリャ（クスコ市内のインカ博物館蔵）

下　「本神殿」前広場にある高さ40〜50cmの石。これもまた日時計に似ているが現地の人たちは方位計ではないかといっていた

上　村と村がワラカ（投石縄）を使って闘い合う石投げ合戦の祭り。血が流れるほど、その年は豊作だと信じられている

中・下　マチュピチュ直下にあるマチュピチュ博物館内に展示されている建材石加工用の石。中の写真はヒワヤ（イワヤ）という硬石だが、ほかの硬い石も使われていたようである（下）

「日時計」のインティ・ワタナ（太陽を結ぶ意味）は、朝日、そして真昼は北側からの陽光、西側のほぼ正面に立つサン・ミゲル峰に沈む夕日と、一日中太陽に照らされつづけるもっとも小高いテラスにある。

インティ・ワタナは、冬至や夏至をはじめとして季節ごとの太陽の運行や時刻を読んでいたようだが、太陽神のシンボルとして太陽像のレリーフか何かが石の突起部分に架けられて儀礼が行われていたのではないかともいわれている。だが、インティ・ワタナの意味は不思議で、ほかにもインティ・ワタナとも呼ばれている石がある。そのひとつは、マチュピチュと、第二章で記したリャクタ・パタを結ぶ中間点のビルカノタ川沿い（現在の発電所近く）からも見つかっている。

この高台下の広場にあるのが、凹型の石積みの壁に囲まれた「本神殿」である。その正面の壁には縦型長方形のニチョ（壁に設けたくぼみ）が七つ、両側の壁には五つある。そこに何を供えて祈りが行われていたのだろうか。

乾期は６月、雨期は２月ごろに山村で行われる家畜繁殖儀礼。村人は香などを焚いたセニサ（灰）を供え、家畜や牧草の繁殖を願う

正面の壁の下にある平たい大きな石を目にしたビンガムは、いけにえ用の祭壇ともみえたが、むしろ、死んだ皇帝のミイラをそこへもちだして礼拝した玉座のようなも

のであったらしい。

と記している。本神殿前広場には、不思議な形をした石がある。やはり、日時計のようにも思われたが、マチュピチュで長年働いていた研究者は、「儀礼時に必要な方位を季節ごとに測っていたのではないか」と説明していた。あるいは、たとえばリャクタ・パタとかインカにとっての大切な地区や方向を指しているのかもしれない。

「本神殿」の東側隣にあるのが「三つの窓の神殿」である。ここがタンプ・トッコの伝説に関連するとすれば、三つの窓は自分たちの始祖があらわれたという三つの窓と想定して儀礼を行っていたのではないかと思う。また第一章で記したカイパチャ（地下や死の世界）、ウクパチャ（現世、地上の世界）、ハナクパチャ（天空の世界）という宇宙観の中で生きていたにちがいないインカは、これらの三つの窓にそれらの世界をあてはめて儀礼を進めていたのかもしれない。

ビンガムは、「本神殿」の囲いや「三つの窓の神殿」の外側から、装飾された豊富な土器や鉢、壺《つぼ》などの破片を発見してつぎのように記している。

これらの土器は神への供物であろうか。それはまだなんともいえない。三つの儀式用の窓の下のテラス上にある大量の土器片は、完全な形をした土器を窓から投げたためにできたものだとはとても思えない。おそらくこの大量の破片は、宗教儀式の途中で破壊されたか、儀式のあとの酒宴の際にこわされた土器なのであろう。

文化庁の研究者もまた、この窓の下部から陶器類の破片といっしょに灰がたくさん出てきたといっていた。現在の村人も、家畜儀礼の際には数多くの小さな壺や皿に入れた供物を土中に埋めたり香をたくさん焚いたりしている。だが、あえて、「こわされた」と記されている土器片にはどんな意味がこめられていたのだろうか。

ペドロ・ピサロは第一章で記した死者についての引用部分に関連して、

一同が食べているもののなかから、死者の食事として捧げてあったものをすべて火の中にくべて、焔《ほのお》がそれを焼きつくした。

と記している。もしかしたら窓の下で、そのように皿ごと食べ物を燃やし、意図はわからないが、それらのすべてをたたきこわして埋めていたのかもしれない。

## 都市内の三つの世界

神殿区から少し離れたところに、皇帝や皇女の館といわれる建物が水道街という名を持つ階段通りをはさんである。その「皇女の館」近くにあるのが、「大塔（トレオン）」である。この半円状の建物の形が、クスコ市内にある「太陽の神殿」に似ていることから、マチュピチュの「太陽の神殿」ともいわれている。また、二つの窓で太陽や月、星の移動を観測していたとも考えられている。そのような観測を行いながら、インカは天空のハナクパチャと結ばれようとしていたのだろうか。

この「大塔」に朝日を迎える神殿の意味があるとしたら、やはり半円構造をした「本神殿」

㊧　皇帝の館にある２つの部屋にはそれぞれトイレらしき狭い空間が用意されていた。そのうちのひとつは細い通路でつながっていた
㊨　皇女の館にある石が並べられた寝台？

の西側に張り出した壁や、インティ・ワタナへとのぼる階段脇にある石積みは夕日を見送る神殿としての意味があったのかもしれない。

「大塔」下部の大きな洞の一室は祖先の亡骸を祀《まつ》っていた「霊廟《れいびょう》」ともいわれているが、ミイラがそのまま安置されていたとは考えにくい。雨期のマチュピチュはあまりにも雨や霧が多すぎるからである。もし、霊廟にミイラが結びつくとしたら、年に一〜二度だったといわれる皇帝が参列する大祭祀《だいさいし》の際にのみ、クスコから運ばれてきたかもしれないマチュピチュにゆかりの深い皇帝のミイラの休息場だったとも考えられる。

一五四〇年にスペインからペルーに到着したクロニスタのベタンソス（パチャクテティ皇帝の兄弟の娘にして、アタワルパ皇帝の幼妻、そしてアタワルパを処刑したフランシスコ・ピサロの妻として二児をもうけた皇女クシリマイ・オクリョとピサロの死後に結婚する）が、一六世紀中ごろに書き上げた『スマ・ナラシオン・デ・ロス・インガス（インカ族の概要と記述）』（一九九二年・ボリビア版）に記されている内容のおおよそはつぎのようになる。

左　インカ時代から聖鳥としてあがめられてきたコンドルが大空を飛翔する
右　ルクマ・バンバという村近くにはリャクタ・パタに向かうインカの道が見られた。石段の広い道は参道のようでもあった。山稜へののぼり道の斜面側のほとんどに石垣がほどこされていた

《パチャクティが死んだとき、その遺体をパタリャクタという地（集落）に運び、土製の大がめの中に入れて地中に埋葬した。その上に生きている姿同然につくった黄金像を置き、パチャクティの髪と爪をあてがった。それから、この像をクスコのパチャクティの宮殿へと運び、大きな祭りのときのみ引き出した》

　このベタンソスの記述から、マチュピチュのかつての名がパタリャクタで、「霊廟」の地中にパチャクティが埋葬され、その上部の「大塔」か、その近くにパチャクティの黄金像が置かれていたと考えている現地の研究者もいるようだ。

　パタ・リャクタ（リャクタ・パタともいわれる）という言葉は、地名というよりは「高地の集落、都市」を指す用語だったかもしれず、ほかの地でも耳にすることが多かった。その中でも、マチュピチュを見守れる稜線直下に位置するリャクタ・パタはきっと重要で、いくつかある建物のどこかに、パチャクティが埋葬されていなかったとしても、パ

チャクティの近縁者か、かなり高位の人物が埋葬されているのかもしれない。リャクタ・パタとインカの道が通じるルクマ・バンバ村には、参道ともいえるほどの広い石段が築かれていたからである。

いずれにしても、マチュピチュの「霊廟」は地下や死のウクパチャの空間でもあったかと思われるが、不思議なのは、この内部にもインティ・ワタナともいわれている石が見られることである。ウクパチャの世界にも太陽の光が放たれているという意味、ほかにはパチャクティのシンボル的な意味があったのだろうか。

拙著『インカを歩く』には、コンドルのレリーフがある建物、その近くにある地下に通じる通路、「拷問の場」とも呼ばれている区域を、天空のハナクパチャ、現世のカイパチャ、そしてウクパチャが重なった劇場的な空間であったかもしれないと記した。拷問や処刑が行われていたとしたら、それらのウクパチャとカイパチャの世界が関わったメッセージを、使者コンドルがハナクパチャへと運ぶ意味がこめられている気がしたからである。

だが、ヤマネコのフェリーノについて説明してくれたエクトル・エスピノサは、「コンドルは雨を呼ぶメンサヘーロ（使者）だから、コンドルの神殿は雨天に関する厳粛な儀礼の場だったはずだ」といっていた。

もし、雨を呼ぶためにコンドルのレリーフを築いたとしたら、ハナクパチャ、カイパチャ、ウクパチャの世界がそのまま「コンドルの神殿」をとり巻く空間にあてはめられ、生け贄まで供えた儀礼が行われていたのかもしれない。どんな意図をこめて埋めたのかはわからないが、一九九五年ごろ、文化庁の女性研究者はこの神殿広場の一隅から皇族が使っていたと思われる黄金の腕輪（腕当て）を発掘している。

## 求め合う「対」としてのヤナンティン

もうひとつマチュピチュ内にこめられているのがヤナンティンの関係である。

マチュピチュ内の北端、儀礼時には王族や神官が控えていたはずの二つの館にはさまれた広場前にある「儀礼石（聖石）」は、ビルカノタ川の谷間をはさんで前方にそそり立つ岩峰ヤナンティンと、ヤナンティンの関係にあるといわれている。

このヤナンティンの意味について、一九八九年に開催された大アンデス文明展の図録の中で、友枝啓泰国立民族学博物館教授（当時）は、インカ帝国の「タワンティン（四州）」の説明のあと、

この接尾辞のンティンの前にヤナをもってくると、ヤナンティンとなる。現在のケチュア語では男女一対、夫婦、恋人同士の意味になる。

ヤナは情愛をさし向ける相手、たとえば夫にとっての妻、妻にとっての夫、あるいは恋人の一方を指すことになる。（略）現在のケチュア農民の間では、地霊のパチャママと山霊のアプが、そうした関係にあると考えられている。

と記している。そのような意味からすれば、ヤナンティン峰に宿る自然神アプーは遺跡内の

「儀礼石」の中にも宿って、お互いがしっかりと結ばれ合っていることになる。また、ヤナンティン峰でも儀礼が行われていたのであろう。この峰の頂上近くまで、ところどころに石づくりの道がのこされているらしい。

第二章で記したプヨパタ・マルカには三つの峰がある。その中でも、いちばん見晴らしの良い頂には二つの自然石が並んでいた。そのひとつが、サルカンタイ峰とヤナンティンの関係にある岩だといわれている。この山頂そのものも石垣で囲われていたことからすると、聖所的な休息場であるサマナとして儀礼が行われていたのであろう。

[上] プヨパタ・マルカの頂には、サルカンタイ峰のヤナンティン（対、恋人）としての岩があった。この場でサルカンタイ峰に宿るアプー（自然神）に祈っていたのではないかと思う
[下] 見張り棟近くにある石。「葬儀石」ともいわれているが、同じ広場から巡礼者たちが運んできたと思われる小石が無数に出土したことからほかの儀礼用だったかもしれない

たとえ似た形をしていなくとも、まわりにある峰とヤナンティンにあるという大小の石はいくつかあった。それらの石を求めながら歩いていた私に、多くのマチュピチュ関係者が「マチュピチュそのものが、まわりの大自然とヤナンティンの関係にある」といっていた。

## 高官女性の墓地

ほかにも儀礼用か祈願用の礼拝石がいくつかある。そのひとつが見張り棟近くにあって、「葬儀石」とも呼ばれている平たく削られた巨石である。だが、近くには第二章でも記したように巡礼者が持ち運んできたアパチータ（峠の守り神）に捧げたらしい小石があること、または彼らの宿舎でもあったらしい横長の館にも近いことなどからして、巡礼者をまじえて生け贄を捧げた儀礼を行っていたともいわれている。

マチュピチュからインカ道を少しのぼった地点の右側には、三段の基壇を前にして一〇メートルほどの高さを持つママパチャ（意味はパチャママと同じ）と呼ばれる自然石が立っている。その下部から、ビンガムはアクリャ（太陽の娘）たちを指導するママコナと呼ばれる女官の長らしき人物の骨と数々の副葬品を発掘している。

一一月ごろに出かけたとき、この大きな岩を背にしたらゴーといううなり声が聞こえてきた。一瞬、耳鳴りかと思って、ちょうどそのときインカ道を歩いていたペルー人の若者を呼び寄せて確認してもらった。彼もまた、重く響くうなり声を耳にしてびっくりしていた。

だが、七月に出かけて同じ位置に立ってみたが、そのような音はまったく響いてこなかった。季節によって聞こえるときと聞こえないときがあったのだ。雨期、怒濤《どとう》となって流れるビルカノタ川の激流の音が、この大きな岩に反響していたと思われるが、もしかしたら「風穴」のようなものが近くにあるのかもしれない。

見張り棟がある広場から、このママパチャの岩に至るまでの山側には岩がころがる森林帯が続いているが、そこからビンガムはいくつかの洞となっていた墓場を見つけた。また、現地の研究者によれば、インカ道沿いに岩がかぶさっているような洞のほとんどが墓地になっていたようだ。だが、それらの中に規模や構えからして、このママパチャのような立派な墓地はなかったという。この岩の下部に埋葬されていた女性はよほどの高位の人だったことになる。

マチュピチュには、ほかにもビンガムが人骨を見つけた洞が無数にあった。墓場だったそれらの洞のほかに、現在はふさがれているがいくつかの地下のサラ（部屋）もあったらしい。その中には罪人を閉じこめた暗闇《くらやみ》の牢《ろう》も含まれているかもしれない。

また、拷問や処刑に毒ヘビが使われていたともいわれている。そのような用途は別として、森林地帯にこつぜんと広がっていたマチュピチュには、食糧をねらって棲《す》んでいたであろうネズミを求めて、たくさんの毒ヘビもまたうろついていたにちがいない。

マチュピチュが放棄されてからも、しっとりした気候に加えて石垣の多い遺跡やその周辺は、ヘビにとっては格好の棲息地《せいそくち》だったのだろう。ビンガムの発見時や、それ以後の未整備だったころのマチュピチュには毒ヘビが多かったようだ。近年でもヘビが出没する森としてはウニャイ・ワイナとプトクシ峰周辺がいわれている。

ウニャイ・ワイナの遺跡近くの小博物館には、ホルマリン漬けにされたたくさんの種類のヘビの瓶が並べられていた。二〇〇八年に向かったプトクシ峰では、山頂からおりはじめたら足元にヘルゴン（マムシ亜科の毒ヘビ）が横たわっていたので、「やはりいたのか」とびっくりした。このときは、用心として一本の棒を持参していたのですぐに一撃することができた。一メートル近い体長で、マチュピチュ周辺に棲むヘルゴンとしては大きい方になるかと思う。

インカは、これらの毒ヘビを見つけても、むやみに殺してはいなかったかもしれない。クスコ市内の建物の門や壁などにいくつかの彫刻が見られるように、毒ヘビ、もしくはヘビそのものを黄金や館を守る存在としてあがめていたようにも思われるからである。

## ワイナピチュ峰とマチュピチュ峰

ワイナピチュ峰の山頂へと向かう道には、急斜面にもかかわらず石垣に支えられた階段や洞となったトンネルまでがあらわれてくる。インカについて記しながら困ることは、驚きという言葉がどうしても多くなることである。そのことを承知しつつ、ここでも、山頂へ向かう道や断崖を横切る道の奇跡のような築かれ方を目にすると驚きという言葉以外思い浮かんでこない。

ほぼ垂直に切れ落ちた岩盤に、貼《は》りつけられたように積まれた石垣を支えとして石畳の道がのびていた。インカ道でも、そのようなつくりがいたるところにあった。ほかに目を見張らされたのはマチュピチュ峰裏側の「インカの橋」を支える石垣であった。それらのすぐれた石垣の中でも、このワイナピチュの断崖の石垣は精巧というよりは人間わざとは思えないつくりであった。

大雨の日は大量の水が岩盤を勢いよくつたい落ちてくるであろうし、数百年の年月の中にはときに地震もあったかと思う。にもかかわらず、岩壁と一体化してのこっているのである。こと、石の扱いに関してインカには不可能という言葉はなかったのであろう。

この峰の頂にある大きな岩塊そのものも聖石としてあがめていたのにちがいない。下部には一列の石の基壇が築かれていた。

上 マチュピチュ前方のプトクシ峰にて棒で打ちのめした毒蛇ヘルゴン。体長1m近くもあったので高地のヘルゴンとしては大きい
中 クスコ市内の門に描かれているヘビ模様
下 ワイナピチュの頂上は大きな石がいくつも見られる。その中でももっとも大きな石の下部は石の基壇で囲われていた

ワイナピチュは一日の入山者数を制限しているほど、現在は数多くの観光客が山頂を目ざしている。一方、マチュピチュ峰への道は訪れる人もわずかで静寂そのものであった。

山頂は意外に広く、そこからは遺跡全体やワイナピチュ峰を囲む山々やビルカノタ川がほぼ見わたせた。ここもまたかつては聖所になっていたのだろう。プヨパタ・マルカの峰と同じく、頂そのものの壁に石垣が張りめぐらされていた。

ビンガムはワイナピチュ峰裏にあった川沿いの畑（現在も畑となっている）から、墓地を見つけるために森林帯を歩いているうちに長さ三〇メートルの「大きな洞窟」の墓地を見つけた。きっと、密生した草におおわれていたのであろう、建造物には触れていないが、そこが「月の神殿」だったと思われる。マチュピチュ内の各所の名称のほとんどは、ビンガムが名づけたも

上　マチュピチュ峰へと向かう道にも見事な石段が続いていた
下　マチュピチュ峰の頂上は360度に視界が広がっていた。狭い頂もまた石垣が積まれて広場が築かれていた

のがほぼそのまま使われているが、「月の神殿」に関しては近年になってからそう呼ばれるようになったらしい。

ワイナピチュ峰の裏側に下っている道沿いに「一〇箇所程度の墳墓がある」と教えてくれた文化庁の研究者は、「月の神殿」をウクパチャの神殿ではないかといっていた。確かに陽光が計算されて建てられたほかの神殿とちがって、この神殿だけは一日中陽《ひ》がさすことのない大きな洞の中にあってあきらかに異質である。

「月の神殿」がどのような性格を持つものかはわからない。もし、インカがマチュピチュ峰を太陽の峰と想定していたとすれば、ワイナピチュを月の峰と考えていたのかもしれない。

インカ・ガルシラーソは、クスコのコリカンチャ（太陽の神殿）内にあった「月の部屋」に詣でる意味について、

月を太陽の妹にして妻、そして歴代インカ王とそのすべての子孫の母とみなし、それゆえ彼女をママキーリャ、すなわち「母なる月」と呼んでいたからである。

と記している。そのようなインカの月の捉え方に、インカが好んだと思われるヤナンティンの関係を重ねれば、これらの二つの峰を太陽と月、または夫と妻のように結びつけていたとしても不思議ではない。

インカはマチュピチュで、太陽、大地や大自然の神々に向かって、帝国の繁栄と同時に作物の豊かな実りや家畜の繁殖を祈っていたのであろう。マチュピチュは、それらのインカの願い

の結晶体ではなかったかと思う。

そのような儀礼を行い、神託を授かる場はマチュピチュ内だけではなく、インカ道の途中でも何箇所か見られた。さらに、この一帯だけではなく、ほかの遺跡にもかならず用意されていた。第二章で記したロサス・パタ近くにあるビラコチャ・パンパという神殿区は、祈願の大センターだったのであろう。「ユラク・ルミ（白い石）」という巨石をはじめとして、たくさんの不思議な儀礼石が並んでいる。エスピリット・パンパにも、やはり祈願用だったと思われる大きな石が広場に見られた。

クスコ市南方のラクチにあるビラコチャの神殿。第３の聖所、「ビルカノータの神殿」ともいわれていたようだ

このようにインカ時代は、ワカ（ここでは聖所、神殿、ほかには聖像や財宝類が埋められた聖なる墓の意味とする）と呼ばれていたところはたくさんあったが、それらの中でマチュピチュがどのように位置づけられていたのかはまったく不明としかいいようがない。

シエサ・デ・レオンは『インカ帝国史』の中で、クリカンチャ（コリカンチャ）に続くワカとして、

グァナカウレ（ワナカウリ）の丘があり、これがインカ第二のグァカ（ワカ。聖所。神殿の意味）であると言える。

としたあと、

インカたちの第三の神託所でありグァカであるものは、ビルカノータ川の神殿であった。（略）このビルカノータの神殿は、クスコから二〇レグア（約一一一キロメートル）以上離れ、チュンガラ村の近くにあった。

と記している。マチュピチュはクスコから鉄道で約一一五キロ、そしてビルカノタ川の真上に位置している。そのような類似点から、「ビルカノータの神殿」がマチュピチュに似ていると思った私は、「チュンガラ村はどこにあるのか」と、クスコ市内の多くの人に尋ねた。ほとんどの人から答えを得られなかったが、文化庁の研究者の一人は、「ラクチ近くにあった古い地名ではないか」と教えてくれた。ラクチもまた、クスコ市からほぼ同じ距離のビルカノタ川の上流側に位置し、「ビラコチャの神殿」という遺跡があるところである。

マチュピチュはよほど特別な神殿であったのだろう。口述という形で『インカの反乱』（染田秀藤訳）という記録をのこしたインカ末期時代の皇帝ティトゥ・クシですら、はっきりとマチュピチュと思われる都市については触れていないのである。パチャクティの兄弟の娘にしてアタワルパの幼妻だった皇女と結婚したベタンソス、また皇女を母に持つインカ・ガルシラーソらは、妻や母から明確にマチュピチュに該当する都市の話を聞いていなかったのだろうか。

次章では、この秘密に包まれた聖殿ともいうべきマチュピチュで人々がどのような生活をすごしていたのかについて思いをめぐらしてみたい。

# 「神々の庭」に咲く

サンタ・テレサという集落からサルカンタイ川沿いを進み、コルカパンパを経由してヤナマという峠にのぼった。この峠からサルカンタイとまわりの峰々、その山麓に切れ落ちる岩稜の谷間が一望できた。急峻な地形はビルカバンバ山群の特徴でもある

前ページ サルカンタイ峰近く、早朝のソライ・パンパから仰ぎ見た鋭峰ソライ（海抜約5700m）

大雨に打たれるセハ・デ・セルバと呼ばれる雲霧林。この森林地帯は海抜約3500～1500mまで見られる。高度が下るにしたがって森林内にはサノサノという木シダ類が多くなる

上 ビルカノタ川沿い上流部にはほぼ年間をとおしてレタマというマメ科植物（エニシダ）の黄色い花が見られる。下右 サヤク・マルカの石壁に咲いていた黄色い花。下左 マチュピチュで見られるベゴニアの花

上 ビルカバンバ地方には野生蘭が多く見られた。雨期2月、コルカパンパに咲き乱れていた蘭。下右 現地でウニャイ・ワイナとも呼ばれているエピデンドルム属の蘭はマチュピチュ周辺に多かった。下左 乾期にも見られるエピデンドルム属の花。インカ道の道脇にて

左上　エピデンドルム属の蘭。左中　マチュピチュ峰やウニャイ・ワイナ周辺で目にできるマスデバリア属の蘭。左下　マチュピチュ直下で見かけたソブラリア属の蘭

右上　葉の上に花をのせるようにして咲くエピデンドルム属の蘭。右中　谷川からマチュピチュへとのぼる道で見たエピデンドルム属の蘭。右下　この蘭は北ペルーでも見かけたがビルカバンバ地方にも多かった

左上　マチュピチュ方面で見たキツネノマゴ科ジュスティシア。左中　インカ道に多いツツジ科キャンベンディシア。左下　雨期のマチュピチュ直下に多いハナシノブ科コベア

右上　ウニャイ・ワイナで見たキツネノマゴ科ジュスティシア。右中　ビルカノタ川沿いで見られるゴマノハグサ科のキンチャクソウ。右下　インカ道で目にしたヒガンバナ科ボアレア

[上] マチュピチュ下を流れるビルカノタ川。雨期は周囲の自然がもっとも活発に躍動し、川は怒濤となって流れ、雲霧林帯には野生蘭をはじめとした花が咲き乱れる。[下] マチュピチュを囲む山々にはいくつも峡谷が走り、いたるところで小さな滝が見られた

# 第四章　誰がどのようにして生きていたのか

## 想像される常駐者

ビンガムは都市の東側下部や見張り棟上部の森林帯あたりの洞などを中心に調査して、一七三体の人骨（うち約一五〇体が女性）を見つけた。また、文化庁発行の研究誌『ビシオン・クルトゥラル（視覚文化）』（二〇〇一年刊）には、一九九四〜九八年にかけて、「儀礼石」近くのいくつかの洞から一八体の人骨（うち五体が男性、三体が女性、ほかは不明）、「インカの橋」に通じる道近くから三体（二体男性、一体は不明）が見つかったと記してある。

マチュピチュを放棄したとき、多くの人々がこの地を離れたといわれているが、それまでの常駐者の中には、神官や技師、警備役の軍人や農夫たちといった男たちの数は少なく、ほかは女性の神官や高官のママコナ、そして従者たちだけだったかと思う。

文化庁の研究者の何人かは、マチュピチュの常駐者数を約五〇〇人といっていた。都市の規模や建物数からしたら、その数字はふさわしいかもしれないが、実際の生活を思い浮かべると、もっと少なかったようにも思われる。ほんとうのところ何人が住んでいたのだろうか。

生活の基本のひとつであるトイレを考えたとき、それらしき場がマチュピチュのどこに用意されていたのかわからない。マチュピチュは温暖地であるため、不適切な大量投棄を行っていれば小昆虫類が異常繁殖していたはずである。

そう心配する私に、現地の研究者の一人は、「専用の穴倉を用意し、砂や灰を加え、さらにたくさんのアカタンカ（アカは「糞」、タンカは「押す」、フンコロガシ）を利用して処理したあと、畑の肥料にしていたのだろう」といっていた。その方法や効果のほどはイメージできない。何よりも、マチュピチュに関してフンコロガシの名を耳にするとは思わなかった。

上　マチュピチュあたりの高度が栽培に適すセリ科のラカチャ（イモゼリ）は生のままでも食べられる
中　形や色がさまざまなジャガイモの古典種の数は何千ともいわれている
下　高地高原で多く栽培されているアカザ科のキヌア。小さな種子が食糧となるインカ・ガルシラーソは、インカの時代の人々がトウモロコシの肥料に下肥を用いていたことについて、つぎのように記している。

それがいちばん良いといわれていたのである。それゆえ下肥作りを重視した彼らは、精を出して人糞《じんぷん》をかき集め、それを乾燥させ、粉末状にして、トウモロコシの播種期《はしゅき》に備えて保存していた。

雨期は雨や霧の多いマチュピチュであるが、何らかの工夫をして乾燥、保存していたのかもしれない。とするなら、農業技師が指導する排泄物《はいせつぶつ》の加工処理班がいたのかもしれない。

燃料のほとんどは薪に頼ることで、日常生活が維持できたのではないかと思う。王族の食事を用意していたと思われるが、「皇女の館」近くには、三つほどの鍋《なべ》が載せられるカマドが三つ並んでいた台所らしき部屋があったという。

## 何を食べていたのか

『ビシオン・クルトゥラル』には、マチュピチュ内の畑や広場の土の中からラカチャ、ジャガイモ、アチラ、キヌア、トウモロコシ、マメの一種、アボカド、チェリーの一種などの花粉が発見されたと記されている。

これらの花粉から示される作物は、ほぼインカ時代に栽培されていたものではないかと思う。ラカチャは生でも食べられるイモゼリ（セリ科）、アチラはカンナ科のカンナイモ、キヌアはアカザ科植物に実る小粒の雑穀である。また、ビンガムを案内した農夫らは遺跡内で、ほかの作物といっしょにサツマイモ、トウガラシ、トマトなどを栽培していたというから、それらもマチュピチュや谷川近くに植えていたかもしれない。

たとえ温暖地に合う品種があったとしても、ジャガイモは高地でも病気にかかりやすいので、マチュピチュあたりで大量に栽培されていたとは思えない。トウガラシは湿潤な気候が適すロ

左　海抜2000〜2500mで栽培され、多くの人に好まれているトウガラシのロコト
右　おもにジュースやトウガラシ・ソースに利用されるキダチトマト

左　ジャガイモの保存食チューニョ。年間を通じて安定した食糧となっただけではなく、気候のちがう地方へと運ばれて物々交換ができる
右　同じくジャガイモの保存食であるモラヤ

コトと呼ばれるもの、トマトも似た環境を好むキダチトマトだったように思われる。

だが、マチュピチュ内の階段畑や周辺の畑を現在の村人の畑にあてはめると、大きめに見積もっても数家族（数十人）が持つ程度にしか私には映ってこない。常駐者数を五〇〇人としたら、とても自給自足できたとは思えない。

近年の調査によると、マチュピチュに住んでいた人たちは、おもにトウモロコシを多く食べていたようである。マチュピチュでの収穫物以外には、オリャンタイタンボ方面から乾燥トウモロコシ、マメ類やキヌア、ジャガイモの保存食や、ほかのイモ類のオカ（カタバミ科、これも保存食に加工される）や腐りにくいリサス（ツルムラサキ科）などが補給されていたのではないかと思う。

マチュピチュ内の石切場付近でくつろいでいた老ビスカチャは、シャッター音に耳をぴくつかせていたが逃げようとはしなかった。岩の多い地域に群れて生息している

チーズとカボチャを混ぜたような果肉を持つルクマ（アカテツ科）。ビルカバンバ地方に同名の村がある

ジャガイモの保存食とは、夜半からの霜と真昼の天日にさらしてから踏みつけて脱水乾燥したチューニョ、霜のみにさらしたあとに半月ほど水につけてから乾燥したモラヤである。いずれも腐敗の心配がなく、さらに軽量で運搬しやすい利点を持つ。

だが、これらの食糧補給にしても居住者を五〇〇人としたら、何頭ものリャマ（アンデス高地のラクダ科家畜）、あるいは何人もの男たちが、重い荷物を背に乗せて往復約一週間かけて輸送していたことになる。そのとき、難所が多かったと思われるビルカノタ川沿いの道、それとも参道的なインカ道が利用されていたのだろうか。それらをあれこれ想像すると、やはり、ほかからの物資は少ない人たちへの少ない供給だったようにも思われてくる。

ビンガムは、女性の骨とともにリャマ、アンデスウサギ、テンジクネズミ（モルモット）、シカなどの骨が見つかったと記している。また、洞穴の床下や墓地の近くで発見された大量のリャマの骨が割られていたのは、髄を食べていたからであろうと推測している。

アンデスウサギとは岩場に棲みつくビスカチャのことかと思う。現在のマチュピチュ内でも見かけられるが、ビルカバンバ山群はこのビスカチャが豊富であった。私はサルカンタイ峰直下で数百匹が群れていたのを何度か目にしただけではなく、ワラカ（投石縄）でしとめたという村人から一匹もらって揚げ物にして食べたこともある。

テンジクネズミ（クイ）にはポロン・クイといわれる野生種もまじっていたかもしれない。これは高地の草むらに穴を掘って無数に棲みついているが、その野生種に似たものが現在の村人の家で飼われているクイである。シカもビルカバンバ山群にはたくさん棲息し、はじめて出かけたインカ道ではすぐ近くを移動している群れを二〜三回見かけた。マチュピチュにも投石縄を上手に使いこなす男がいたはずで、彼らがそれらの猟をしていたにちがいない。だが、インカ時代、猟は皇帝の許しが必要だったらしいので、猟をしていたとしても獲物量は限られていたのかもしれない。

下流側からは、遺跡内で花粉も発見されているアボカド、ほかにチーズとカボチャをまぜたような味を持ち、地名にも出てくるルクマ（アカテツ科）、ジュースに適するマラクヤをはじめとしたトケイソウ科果物、杏《あんず》に似た味がするサポテ（アカテツ科）、水分の多いウチワサボテンのトゥナなどの果実を入手していたかと思う。野菜としては、カボチャやユカ（灌木《かんぼく》のようなトウダイグサ科植物、亜熱帯や熱帯地に育ち、長さ四〇センチ前後の大根型のイモを実らせる。別名キャッサバ）などが届いていたかもしれない。

## 濁り酒チチャの量

儀礼や祭礼が行われた際の供物でもあった数々の石製のミニチュア・リャマ像の呪物（イリャ）などの出土品が、マチュピチュ博物館には陳列されている。祭儀の際には、かならずトウモロコシの濁り酒チチャも神々に捧げられ、また、参加者も飲んでいたことが想像される。そのチチャづくりについて、ビンガムは、

トウモロコシのチチャ（濁り酒）の材料となる発芽トウモロコシのホラ。ケチュア語でウニャポと呼ばれていた

> 墓の近くに、トウモロコシをすりつぶすのに用いられる、めずらしい形をした大きな平たいすり石があった。（略）おそらくは、選ばれた処女たちの重要な仕事のひとつに、インカや貴族、神官たちのチチャをつくることがあり、それをつくるには、芽のでたトウモロコシをゆでたあとでつぶすことが必要であったからであろう。

と記している。だが、発芽トウモロコシのホラを利用して発酵させる方法はインカ時代にはまだ見られず、アマゾン地方の先住民たちが近年まで続けていた（ところによっては今も続けている）ユカの酒づくりと同じく、煮てからつぶしたり、または嚙みつぶしてから煮たりしたトウモロコシを、女たちが口に含んで唾液《だえき》で発酵させていた口嚙み酒だったのではないかと思っていた。

けれども、現地の研究者は「ケチュア語でウニャプ（ウニャポ）と呼び、土の中で発芽させていたトウモロコシがすでにインカ時代からあった」といっていた。一五七六年から一〇年間ペルーに滞在した宣教師だったクロニスタのホセ・デ・アコスタは、『新大陸自然文化史』（増田義郎訳）の中で「玉蜀黍《とうもろこし》の酒」についてつぎのように記していた。

> ピルーではアスーアといい、新大陸共通の言葉では、チチャといって、その作り方はいろいろある。麦酒風の、もっとも強い酒は、まず玉蜀黍の実を水にひたし、芽が出るまでお

いてから、ある順序にしたがって煮ると、グッと飲むと足がとられるくらいに強烈なのができる。ピルーではこれをソラと呼び、（略）アスーアつまりチチャを作る別の方法は、玉蜀黍をかみくだき、咀嚼《そしゃく》したものから酵母を作り、そのあとで煮る。インディオの意見では、死にかかったような老婆にかませねばならぬといい、（略）インディオは平気でその酒を飲む。

最初のものは、水中で芽を出させていたかもしれないウニャポ、「ソラ」とあるのはその方法でつくられた酒の名だったのか、それとも現在使われている言葉でいうホラだったのかもしれない。「ある順序」とはつぶす作業、そのあとに記されているものはあきらかに口噛み酒である。想像すれば、インカ時代は二つの方法でチチャをつくっていたようである。「老婆に」と記されているが、一九七〇年代に私がアマゾン地方の先住民の村でごちそうしてもらったユカ製の酒（マサト）もまた、老婆たちが楽しそうに噛んで吐き出す作業をくり返していた。日本の縄文時代でも、この口噛み酒がつくられていたという。

現在の村人が行う家畜儀礼祭は、たとえ一家族であってもチチャは多く飲まれ、彼らは大量のホラを大きくて平らな石台と半月型の石をセットにしたバタンという道具でつぶしている。この村人が使うバタンの石台は、簡単に持ち運びできないほどの大きさと重さがある。

マチュピチュ内からは数は多くないらしいが、何個かのバタンが発見されたらしい。先に記した「皇女の館」近くの台所らしき部屋にも四つほど並んでいたようだ。これらのバタンがすべてチチャ用に使われたとは限らず、アコスタが記すようにトウモロコシそのものを直接噛みくだく方法が併用されていたのかもしれない。また、そもそも素焼き陶器製の大鍋などがなかったことからすれば、少量ずつ何回も小鍋で煮こむチチャづくりをしていたとも考えられる。

## かめの容器アリーバロと大コップのケーロ

ビンガムはマチュピチュ内で見つけた食器や容器類について、土器片、鉢、壺、料理用の土器や食器、ビーカー型の壺、かめ、食べ物皿、深皿、飲みものを入れる容器、木製深皿などがあったと記している。だが、不思議だったのは、その中にクスコ市内の博物館に陳列されているような、チチャ保存に欠かせない尖底《せんてい》型の大容器類のアリーバロ（クスコ地方では一般的に土製の大がめをそう呼んでいる。形や用途によってウルプ、ラキ、トゥミンなどの呼び名がある）が少ないことであった。

アリーバロにあたるかと思う容器については、「かめ二個」、「かめ」、大きさはわからないが「壺」などがあったとだけ記しているビンガムは、きっと、広いマチュピチュ内のすべての地区を発掘できなかったのであろう。または、おもに墓場の出土品にこだわっていたせいなのか、どでかいかめや壺を数多く目にしていなかったようである。

以前、「聖なる谷間」の村で、畑の中からあらわれた高さ一・三メートルの年代不明のウルプ（口径が狭い大がめ）を見せてもらったことがある。インカ時代や植民地時代は、そのようなウルプを土の中に埋めてチチャを濃厚な味にしていたらしい。マチュピチュ内でも、たとえ地中でなくとも洞のようなところに、そのようにしてチチャを寝かせていたアリーバロがころがっていても良かったはずだと思った。

マチュピチュ博物館には、遺跡内から出土した高さ一メートル近いトゥミン（両側に紐を通す穴があるかめ）が二〜三個陳列されていただけであった。その数の少なさを不思議に思っていた私に、マチュピチュの整備に長年関わった研究者は、カマドやバタンがあった「皇女の館」近くの台所らしき部屋に数個ころがっていたものをはじめ、都市内の何箇所かから数十個ものアリーバロが見つかっていると教えてくれた。大きな陶器類は長い年月で壊れやすいことを考えると、もっとたくさんのアリーバロが使われていたのかもしれない。

このアリーバロは水の保存用にも数多く用いられていたはずである。さらに、インカ道をいっしょに歩いたペドロ・タカは、ネズミや害虫類から守るために、「トウモロコシやキヌアなどの保存用としてのアリーバロを各所から何個も見つけた」といっていた。

実際に数が少ないように思われたのは、チチャ用大コップのケーロ（高さ約一五センチ）であった。現在の山村ではときどき古い木製も見られるがインカ時代は陶器製が多かったようだ。王族や首長たちはときには黄金製も使っていたらしい。

倉庫かどこかに保存されているかもしれないが、マチュピチュ博物館に陳列されていた素焼きケーロは数個で、それらはいずれも小型であった。ビンガムが「飲みものを入れる容器二

チチャの糟が底に溜まるような構造の尖底型陶器のトゥミン。左はマチュピチュから発見されたものでマチュピチュ博物館蔵、右はクスコ市内のインカ博物館蔵

チリ北部に位置するアタカマ高地もまたインカ文明の影響を受けていた。アタカマの博物館には墳墓から出土した黄金製のケーロが陳列されていた

個」と記しているのがそれになるかと思う。もし、マチュピチュ建設に関わった石工たちがチチャをエネルギー源として飲んでいたとしたら、つくりの良《よ》し悪《あ》しは別にして二〇〇個、あるいはそれ以上はあっても良かったようにも私には思われた。

ビンガムは『インカ—失われた帝国』の末尾に、最初の調査による発掘品はイェール大学博物館にあるとし、

一九一四年から一五年にかけての発掘品は例外で、これは全部ペルー政府に返還された。

と記している。その中に、ケーロ類が含まれていたのだろうか。

このケーロやアリーバロの数の少なさは別として、想像ではあるが、建設時も含めてマチュ

ピチュでは、年間を通してチチャがそれほど大量につくられていなかったとも考えられる。きっと食糧を補給までしていたと思われるマチュピチュである。貴重だったチチャが石工たちにも与えられていたとしたら、数少ないケーロがまわされていた程度だったかもしれない。

また、マチュピチュはチチャを飲んで騒ぐような祭祀の場ではなく、あくまで厳粛な儀礼のみが行われる場で、ほとんどのチチャが神々に捧げられ、口にしていた人たちがいたとしても、その際のケーロ類は、第三章の「三つの窓の神殿」部分で記したように、ほかのものと燃やされ、そのあとに壊されていたとも考えられる。黄金や銀製のケーロが使われていたならば、マチュピチュを放棄する際にどこかに運ばれていたのではないだろうか。

[上] 以前の「石臼の部屋」。現在は底の石が埋もれている
[下] トウガラシやトウモロコシなどをつぶしていたと思われる石臼かすり石。エクアドルのインガピルカにて

## 経済食のかゆ状スープ料理

「石臼《いしうす》の部屋」という館には、二個の石臼らしきものが並んでいる。似たものは皇帝の館にもある。それらが食品加工に使われたのかどうかははっきりとせず、人の顔を映すか、もしくは天候や時刻を読むために窓からさしこむ陽光や月明かりを映し

ていた水鏡だったのかもしれない。

マチュピチュ博物館にも鉢、深皿、石臼と呼んでもいいような器が並べられていた。それらの説明書きにも「水鏡」と記されているものが多かった。だが、中には石皿として使われていたようにも思われる器が何点かあった。

これらの中で石臼、または石臼に似たすり石などが、ケーロと同じく数が少ないように思えてしかたがなかった。ふたたび食べ物の話にもどるが、食品をすりつぶす石の道具は、当時の食生活の面からもっとも欠かせなかったはずだからである。

マチュピチュと比べたらはるかに規模が小さい神殿、エクアドル南部のインガピルカには、さまざまな形の石臼やすり石らしき道具が野原にたくさん並べられていた。また、コロンビア北端のサンタ・マルタ山塊にのこされているタイロナ族（鋳造の黄金製品をつくり、スペイン人侵略者と徹底抗戦した）の遺跡地帯には、それぞれの住居の土台近くに方形の石臼のようなものがかならず一〜二個ころがっていた。

また、北ペルーのチャチャポヤス族がのこしたモミア湖（ミイラ湖、対岸の崖から大量のミイラが眠っていた大墳墓が発見された）のほとりの都市跡は、現在、ふもとの村人が開拓した牧場と化しているが、その草むらに丸い石臼らしきものが牛の糞とともに何個も散乱していた。

文明はちがっても、多くの地方でこれらの石の道具でトウモロコシをつぶしたスープを食べていたにちがいない。マチュピチュの場合だったら、現在の村人もたびたび口にしているサラ

（トウモロコシ）をつぶしたサラ・ラワ（かゆ状のスープ）、ほかに、オリャンタイタンボ方面から運んできたチューニョやモラヤをつぶした（この場合はきっとバタン）チューニョ・ラワやモラヤ・ラワなどを食べていたかと思う。

ラワは手っ取り早く仕上がることから燃料が節約でき、さらに胃を満たしてくれる経済食である。もしかしたら、マチュピチュでは、トウモロコシをつぶすときも大きなバタンを使っていたのかもしれない。

ほかには、ゆでたトウモロコシ、チューニョ、モラヤ、カボチャ、さらにはつぶしたトウモロコシの焼きパン、キヌアやリサスなどを使ったスープも口にしていたのではないかと思う。とはいっても畑が広くなく、ほかの地方からの食糧供給がなければ生活がなり立たなかったであろうマチュピチュである。ふんだんに食べる贅沢《ぜいたく》は許されず、すべての面で質素な生活を送っていたにちがいない。

もし、その食生活を補っていたものがあるとすれば、噛むことで空腹感をまぎらわせ、さらに活力を生むといわれるコカ（麻薬コカインの原料）だったかもしれない。マチュピチュの下流方面一帯はコカ栽培に適する気候に恵まれ、現在は一大コカ栽培地となっている。だが、このコカにしても、インカ時代は特別に貴重と見なされていたようだから、ほとんどは儀礼に使われ、普通の人が口にできる量はわずかだったのではないかと思う。

大量の人員が動員されていたであろう建設時の人数は想像もつかない。普段のマチュピチュ

上　説明には水鏡と記されていたが、インカの人たちはこのような器を皿としていたかもしれない。マチュピチュ博物館蔵
下　クスコ市内のインカ博物館蔵の石鉢、もしくは石皿

の常駐数を、リマ市内の名高い考古学者は二〇〇〜三〇〇人と想定している。はっきりとわからないその人数をはじめ、チチャや食糧の量、そして食生活の内容などの面でも、マチュピチュはやはり謎《なぞ》だらけとしかいいようがない。

## 霧の森が産む水

マチュピチュに住んでいた人たちの生活用水は、入口近くにあるホテルの裏側に湧き出ているプキオ（湧き水）だけで十分であったらしい。アンデネス（階段畑）の作物には乾期でも朝夕に湧きあがってくる霧が水分を届けてくれていたからである。

この水が得られるかどうかもまた、第二章に記したようにマチュピチュの地が城にふさわしいかを判断する大切な要素になっていたはずである。水と遺跡周辺に見られる雲霧林、あるいは気候との関連については、拙著『インカを歩く』や『インカの野《や》生蘭《せいらん》』に記してあるが、ここでも簡単に触れておきたい。

マチュピチュの気温は、朝夕は一〇数度まで冷えこむが、真昼の日陰はほぼ二〇度であった。日中の日ざしは強くても、高台の神殿区や見張り棟に立てば谷底から吹き上げてくる涼しい風が肌を撫《な》でさすっていく。

このような風や気候気温を求めたのはインカだけではなく、野生蘭もまた同じであった。アンデス山脈の東側山系、その東側斜面の海抜二〇〇〇～三〇〇〇メートルに茂る雲霧林は野生蘭の宝庫ともいえるが、そのうち、もっとも豊富な生息が見られたのは海抜二五〇〇メートル、マチュピチュとほぼ同じ高度帯であった。

野生蘭を探しながら、私はこのような峡谷地帯を歩いてきた。乾期の雲霧林はまるで枯れ藻のように苔《こけ》が幹や枝にぶら下がっている。その苔類が、霧が届けてくれる水分を吸収してくれるおかげで、苔の共生仲間である蘭は乾期を耐えしのび、やがて、雨期のはじまりとともにつぼみをふくらませて花を咲かせる。

それらの姿を目にしながら、いつしか霧、蘭、苔、森、遺跡がこの一帯で結びつき合っていることに気づかされた。このことはすでに記した北ペルーのチャチャポヤス族、またはコロンビアのタイロナ族がのこした遺跡地帯などにもあてはまった。それらの一帯も霧が多い雲霧林に包まれ、やはり蘭の豊かな生息地にもなっていたからである。

ビルカバンバ山群に集中するインカの遺跡も同じで、マチュピチュをはじめ、ウニャイ・ワイナ、インティ・パタ、もっと遠くにあるチョケキラウ、ロサス・パタなどのすべてが野生蘭の多い雲霧林に囲まれていた。

インカも含めて、昔の人々が都市や神殿の地としてそのような環境を求めたのは、気候気温の良さもあったであろうが、霧が運ぶ水分をまわりの森が貯えることを読んでいたからではないかと思う。たとえ、湧き水が得られなくても雲霧林内にかならず落下している谷川から水路を築き、水を引いていたのである。

マチュピチュ峰をおおう雲霧林の産んだ水が、マチュピチュに住む人々の喉《のど》を潤していた。高地のプヨパタ・マルカの水もまた、亜熱帯方向から流れてくる霧が山頂裏側に育んだ雲霧林が産んでいるものである。

ビンガムが墓地から幼児の骨を見つけていることから、幼い子どもも何人かマチュピチュに住んでいたのであろう。小さなポンチョをまとったそれらの子どもが、布二枚を体の裏表に重ねたようなウンクという衣類を腰紐で締めた男や女のあとを追う。水を汲《く》むために壺を抱えた女たちが水道街に集まってくる。さしこんだばかりの朝日が、ところどころの館から立ちのぼる煙や谷間から湧き上がる霧を揺らす。神殿区からは男女の神官の祈りの声が響いてくる。

見張り棟近くから都市を見おろすとき、平和だった時代の朝のマチュピチュが目に浮かんでくるようであった。

# インカの軌跡をたどる

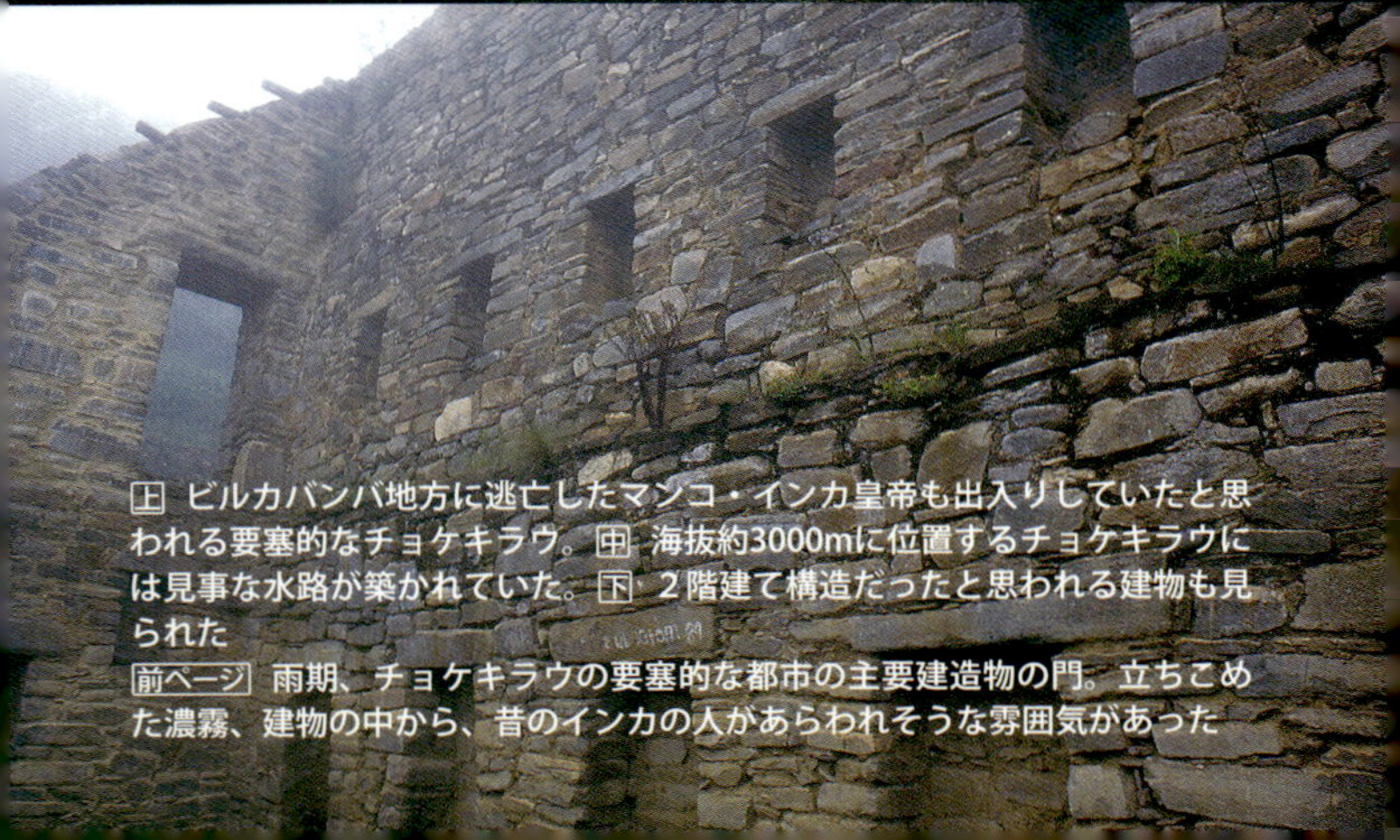

上 ビルカバンバ地方に逃亡したマンコ・インカ皇帝も出入りしていたと思われる要塞的なチョケキラウ。中 海抜約3000mに位置するチョケキラウには見事な水路が築かれていた。下 2階建て構造だったと思われる建物も見られた

前ページ 雨期、チョケキラウの要塞的な都市の主要建造物の門。立ちこめた濃霧、建物の中から、昔のインカの人があらわれそうな雰囲気があった

上 ビトコスの都といわれるロサス・パタ（海抜約3000m）の遺跡。下方にスペイン人修道士たちが教会を建てたプキウラ（プクウラ）という集落がある。中・下 インカ最後の皇帝たちの都があったエスピリット・パンパの森の中に眠っていた建物

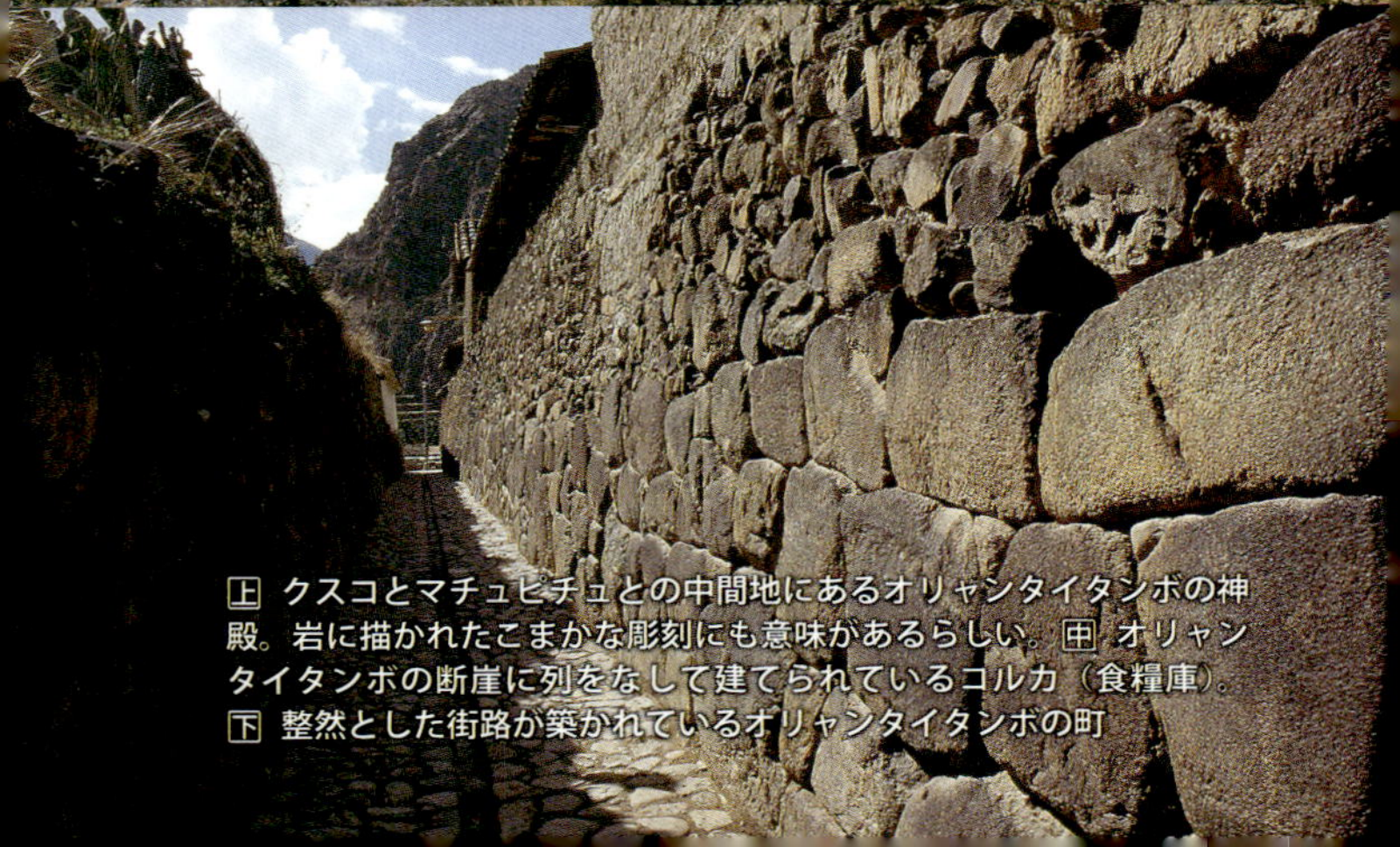

上 クスコとマチュピチュとの中間地にあるオリャンタイタンボの神殿。岩に描かれたこまかな彫刻にも意味があるらしい。中 オリャンタイタンボの断崖に列をなして建てられているコルカ（食糧庫）。下 整然とした街路が築かれているオリャンタイタンボの町

上 ピサクの町を見おろす山頂にある神殿。中 チンチェーロ村の広場には、インカとしては珍しい正方形に近い大きなニチョ（壁のくぼみ）が見られる。下右 杖か農具のようなものを持つティアワナコ（ボリビア）の人像はビラコチャをあらわしているといわれている。下左 ティティカカ湖の太陽の島に築かれている石段

ティティカカ湖近くのペルー側にあるシュスタニの丘には、インカ、もしくはプレ・インカ（インカ以前）ともいわれているチュルパ（墓塔）が並んでいる

左上 クスコ県パウカルタンボ地方のニナ・マルカの丘にあるチュルパ群。左中 オリャンタイタンボの少し下流部からのぼった山の斜面にあるインカの石切り場下に見られるチュルパ。左下 北ペルー、カハマルカ県にはベンタニャ（小窓）という墳墓が岩山に築かれていた

右上 クスコ県南西を流れるアプリマク川沿いにあるインカとインカ以前の文明がまざったような遺跡地帯に立つチュルパ。右中 カルカという町の奥にある山に築かれていた洞穴墳墓。右下 北ペルーのチャチャポヤス族が築いた断崖の中の「空中墳墓」

クスコ市を見おろすサクサイワマンの丘には要塞、神殿，祭祀センターだったと思われる巨大建造物がのこされている。広場に面する石の基壇は長さ300m以上あるという。近くには儀礼を行っていた聖所と思われるチンカナ区やケンコーなどがある

サクサイワマン　上　高台にあった円形状塔の基礎ともいわれているムユク・マルカ（「渦巻きの館」の要塞、建物）。中　何百トンもある巨石が下部の石に隙間もなく乗せられている。下　広場に面したスチュナ（すべり石）の岩に刻まれた座台らしき彫刻

上 始祖伝説に登場するパカリタンボのタンプ・トッコの岩山。裏側にはいくつもの洞がある。中 基壇に囲われたケンコーの礼拝石。下 ケンコーの礼拝石近くにある大きな岩には生贄の血を流したと思われるジグザグの水路や座台らしき彫刻などが見られる

上　クスコ市上部の高原にあるタンボ・マチャイ（宿の陶酔）には、どこから引いているのか、季節を問わず天水が流れている。下右　ビルカバンバ地方のビラコチャ・パンパにある取水場、もしくは沐浴場。下左　オリャンタイタンボ。皇女の沐浴場ともいわれている

クスコ市南東のティポン。インカの7代皇帝ヤワル・ワカの田園宮殿だったともいわれている。見事な水路と畑が見られる箱庭的な遺跡で、この地に立つだけで気持ちが洗われる思いがしてくる

クスコ市内のコリカンチャ（太陽の神殿）。黄金の太陽像が飾られ、その近くに歴代皇帝のミイラが生きているような姿で安置されていたという。外壁の石積みも見事だが内部はいちだんと精密精巧さが増している。現在はサント・ドミンゴ教会

上 クスコ市全景。クスコの都はサクサイワマンを頭としてピューマの形で築かれていたという。下右 1970年代後半のクスコ市。右下は大聖堂の屋根、中央部左の四角い建物はインカ博物館。下左 東方圏に向かう「ハトゥン・ルミヨク（複合の巨石）通り」には12角の石がある

太陽の処女たちが住んでいたといわれるアクリャ・ワシ宮殿の石壁。インカ時代、クスコの都はワカイパタ（喜びの広場、現在の中央広場）より上側がアナン・クスコ（クスコ上部）、下側がウリン・クスコ（クスコ下部）と呼ばれていた

# 第五章　ロスト・シティとビンガムの発見以前

## 歴代インカ皇帝の盛衰

初代から数代目あたりまでは伝説上の人物ではないかともいわれているインカの皇帝であるが、ここでは確実に活躍をした第九代パチャクティ・ユパンキ（一四三八〜七一、在位期間の年代は『インカ帝国』〔泉靖一著〕中のクロニスタのバルボアの記録による）以後に触れておきたい。

パチャクティは現ペルーの中央部まで勢力範囲を広げ、それから息子トゥパク・ユパンキをともなって、エクアドル方面まで遠征する。一〇代皇帝となったトゥパク（一四七一〜九三）は、父とともに手がけていた北方の統治を安定化させ、さらに、現在のアルゼンチンやチリ北部へと向かって支配域を拡大した。

そのあとを継いだトゥパクの息子ワイナ・カパック（一一代、一四九三〜一五二五）は、北ペルーのチャチャポヤス地方や、コロンビア南部にまで勢力をのばした。それからクスコで皇位に就いたのが、ワイナの正室の息子ワスカル（一二代、一五二五〜三二）であった。

このワスカルと、側室の息子アタワルパが分裂して内戦となる。だが、父とともに北方を歴戦していたアタワルパ軍がワスカル軍に勝利する。その内戦が終わりに近づいていたころ、ペルーにあらわれた征服者フランシスコ・ピサロは、すでに皇帝として北ペルーのカハマルカに滞在していたアタワルパ（一三代、一五三二）を捕らえて翌一五三三年に処刑する。

同年ピサロはクスコに入城、ワイナの正室の息子マンコ・インカを皇帝として即位させたが、彼は「聖なる谷間」内にあるカルカやユカイ方面に姿を隠す。一五三六〜三七年、インカ軍はスペイン人と、クスコ上部のサクサイワマンで大戦争を行って敗れる。

そのあと、マンコは、エスピリット・パンパやビトコスなどがあるビルカバンバ地方を拠点としてスペイン人に抵抗していたが、一五四四年、彼のところに逃げこんできた反ピサロ派の征服者たちによって殺される。続いて皇帝に就いたマンコの嫡男サイリ・トゥパクは、ユカイという地で一五六〇年に病死する。そのあと、ビルカバンバ地方で皇帝となったのが、母親のちがうサイリの兄ティトゥ・クシ・ユパンギであった。

ティトゥ・クシもまた、ビルカバンバ地方でスペイン人への抵抗を続ける一方、アプリマク川西方のアコバンバと思われる地で、スペイン植民地当局と和平する「アコバンバ協定」を結んでいた。一五七一年病没したティトゥ・クシのあとを継いだのは、彼の弟にあたるマンコ・インカの正室の息子トゥパク・アマルである。

トゥパク・アマルは兄ティトゥ・クシが結んだ協定を無視し、エスピリット・パンパの都でスペイン人との対決姿勢を示したものの、一年後の一五七二年、襲撃してきたスペイン人によって都から逃亡していたところを捕らえられ、クスコにて処刑される。

## 最後のインカとビルカバンバ

マンコやティトゥ・クシはほかの地に出かけても、ビトコスにはかならずもどっていたようだ。ビンガムは、ビルカバンバ川の奥地にあるロサス・パタの建造物群を、そのビトコスと判断した。ロサス・パタの小高い草原からは、スペイン人修道士たちが教会を建設して活動の拠点としたといわれるプキウラ（プクウラ）という集落が真下に望める。ロサス・パタの奥には第三章で記したように、儀礼用の石が並ぶビラコチャ・パンパの原が広がっている。

サクサイワマンの戦いでインカ軍が敗れたあと、マンコはオリャンタイタンボに強固な砦を築こうとしていたが、勢いづいたスペイン人が近づいてきたのでビルカバンバ地方へと逃亡した。もし、この時代までマチュピチュに多くの人が住んでいたとしたら、食糧供給源としてのコルカ（食糧庫）がたくさん築かれていたオリャンタイタンボを手放した時点で、その人たちがそのまま居住していることはむずかしくなったにちがいない。第四章でも触れたが、マチュピチュの階段畑の規模からして自給自足できたとは思えないからである。

また、マンコ以前の時代はアタワルパとワスカルの内戦、ワスカルの敗北と死、スペイン人

ワヌコ県奥地にある遺跡近くから出土したインカ時代のマカナ（石の武器）。棒先に皮ひもでくくりつけていた。おもに、これらとワラカ（投石縄）や槍などで戦っていたはずである

によるアタワルパの処刑、さらにスペイン人のクスコ入城と破壊、サクサイワマンでの大敗北など、インカにとっての大きな受難が続いたことから、クスコはもとよりマチュピチュにいた最高神官たちの権威や信頼も崩れていたのではないだろうか。あるいは神官も戦いに出かけ、不在状態になっていたかもしれない。そのような面からしても、マチュピチュという大神殿都市を維持していくことは困難だったかと思う。

## 太陽の処女アクリャ

ビンガムが墓場から見つけた人骨の大半が女性だったことからして、放棄前のマチュピチュに住んでいた男たちは神官や彼らの従者、数少ない石工、農夫、番人などで、ほかはすべて女たちだけだったと思われる。だが、その中にほんとうにアクリャ（太陽の娘たち）が多く含まれていたかどうかはわからない。クスコにあったアクリャ・ワシ（アクリャたちの館）での彼女たちの生活について、インカ・ガルシラーソはつぎのように記している。

彼女たちは外界との接触をいっさい絶ち、純潔を守りつつ、死ぬまで館の奥で静かな生活を送った。そこには、（略）面会室とか格子窓とかそれに類する場所もなく、話し相手と

マチュピチュの神殿区に近いカンテラ（石切り場）にころがっている石はどれもこれも手が加えられていた。それぞれの彫刻は使用予定を示す目印だったかもしれない

いえば同じ尼僧仲間に限られていた。（略）一般のインディオに顔を見られるようなありふれた存在であってはならない、とみなされていたからである。

少年時代、インカにまつわる話を皇女だった母から聞いていたであろうインカ・ガルシラーソは、アクリャの世界にきびしさや美しさを求めたのではないかと思う。一方、実際にインカ軍と戦いつづけたペドロ・ピサロは、アクリャたちについて、

処女性と貞潔を装っていたが、実はうそであり、大勢の太陽の番人や召使と情交していた。

と記している。もし、インカ・ガルシラーソが記すようにきびしく管理されていたのであれば、インカの全盛期、アクリャが集団で狭いマチュピチュに住んでいたとは考えにくい。また、ペドロ・ピサロが記す実態があったならアクリャが送られてくることはむずかしかったかと思う。神聖

な都市に彼女らを生活させるためには、よほどきびしく規律を行き届かせねばならなかったと思われるからである。もし、住んでいたにしても、その館は一体どこにあったのだろうか。

文化庁管轄の「マチュピチュ考古学公園」長を十数年間を務め、私の撮影にいつも協力してくれた研究者フェルナンド・アステテは、「アクリャはおらず、女性の多くが年長者のママコナと、その従者だったのではないか」といっていた。とはいっても、クスコに入城してきたスペイン人の暴虐を目にして、この地に逃げこんできた少数のアクリャたちがいたかもしれない。

第二章で、サヤク・マルカは未完成だったのではないかと記した。マチュピチュ内の「三つの窓の神殿」や「本神殿」も建設途中だったともいわれている。また、神殿区近くの「石切り場」にころがる無数の石もまた、マチュピチュが完成途上にあったことを示しているのだろう。建材用の目印らしき彫刻がひとつひとつの石にのこされていた。

マチュピチュやインカ道を築くのに、どれほどの人員と時間、食糧を必要としたかは計りしれない。ほかにもインカは大軍を率いてアンデスの南北で戦争を続けていたのである。そのことを考えると、マチュピチュやインカ道の建設はパチャクティ一代の仕事ではなく、以後の皇帝へと受け継がれていたにちがいない。その作業が中断されたのは、スペイン人のクスコ入城後、都市の維持が困難となって、あるいは聖殿の秘密を守るために放棄したからではないかと思う。もし、入城前だったとしたら、どのような理由があったのだろうか。

「支配を委託されていた」地

ペルー人の歴史研究者エドムンド・ギエンは、『インカ最後の都　ビルカバンバ』（寺田和男監訳）で、一五六六年、ティトゥ・クシとアコバンバ協定書を取りかわす折衝のために、ビルカバンバ地方に派遣されたスペイン人の報告書に記されているらしい「ピチョ」を「マチュ・ピチュであろう」と指摘している。

ギエンが、ペルー刊の著書『ラ・ゲルラ・デ・レコンキスタ・インカ（インカ復権の戦争）』で紹介しているアコバンバ協定書には、《ふたたびピチュに人を住まわせることとの保障》という文章がある。ほかに、その時代以前から《ピチュ》がスペイン政府によってマルドナドという人物のエンコメンダーダ（支配を委託された）の地となっていたことも記されている。

現地の歴史研究者は、「ビルカノタ川沿いに住んでいたと思われる住民が、マルドナドに年貢としてコカを納めていたという記録や、土地分割の記録など、一六世紀の統治に関する書類にピチュという言葉が記されている」といっていた。

ビトコスがマチュピチュで、皇帝に即位するまでのトゥパク・アマルはそこで生活していたのではないかともいわれている。だが、このように植民地化の空気が周辺に迫りつつあった時代、インカの人たちがマチュピチュに住んでいられる状況ではなかったように思われる。

マチュピチュにいつまで人が住んでいたか、また、マチュピチュがビトコスであったかどうかの話は、クスコから持ち出されたという歴代皇帝のミイラの話にもつながっている。

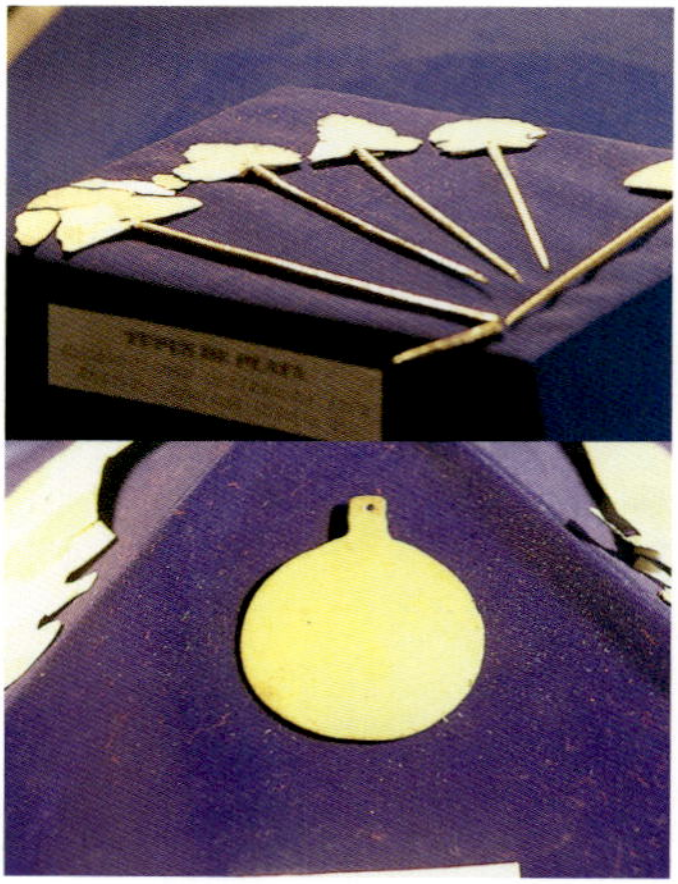

インカの黄金装飾品はわずかではあるがのこされている。上は肩掛けなどのピン止め、下は耳飾りか何かではないかと思う。インカ・ガルシラーソ博物館蔵

ビトコスに逃げこんでいたマンコが酒宴を催していた一五三七年のある日、奇襲してきたスペイン人は、マンコがクスコから運んできていた祖先のミイラを奪い去った。数歳だったころ、その場にいたティトゥ・クシ述の『インカの反乱』には、

スペイン人は（略）、男女を問わず、全員引き立ててクスコへ戻ったが、その時、彼らは捕虜以外に（略）バナカウリ、ビラコチャン・インガ、パチャクティ・インガ、トパ・インガ・ユパンギとグヮイナ・カパクの亡骸と数多くの女性の亡骸

を奪ったと記されている。さらに、大量の財宝類や家畜などもいっしょに持ち去ったらしい。このとき、マンコは逃げたがティトゥ・クシはクスコに連行された。それから成長したのち、スペイン人の隙《すき》を見てぬけ出してふたたびビルカバンバ地方にもどったという。トパはトゥパク、グヮイナはワイナ、バナカウリとは初代皇帝マンコ・カパックとともにタンプ・トッコから出現したアヤル・カチ（ワナカウリ）の偶像（石像ではないか）のことらしい。

これらのミイラのゆくえが気になるが、インカ・ガルシラーソはクスコ市内の執政官の部屋

に保管されていた五人の王族の遺体を目にし、それらは「インディオたちによれば」としたあとに、インカ・ビラコチャ、トゥパク・インカ・ユパンキ、ワイナ・カパック、それからインカ・ビラコチャやトゥパク・ユパンキの妻たちのミイラだったという内容を記している。この話がほんとうだとすれば、マンコから強奪してきたミイラの大半が含まれていたことになる。

### ロスト・シティ＝失われた都市

先の話にもどると、ミイラや財宝類が奪われたビトコスが、もしマチュピチュであったならば、スペイン人の遺物が都市内から発見されていても良かったはずである。さらに、クスコにもどった彼らは、自分たちが目にした大都市を多くの仲間に話していたはずである。とすれば、マチュピチュに関する何かしらの記録ものこされていたのではないかと思う。

上はタンプ・トッコの岩山に彫られていたフェリーノ（ネコ科動物）。下はワヌコ・パンパ神殿のフェリーノともいわれている動物像。いずれも頭部がこわされている

また、スペイン人がこの大都市に足を踏み入れていれば、偶像崇拝の都市として大小の破壊跡をのこしていたかと思う。実際、タンプ・トッコや北ペルーのワヌコ・パンパの神殿に見られるフェリーノ（ヤマネコのオスコヨス）らしき像の頭部などは壊されている。

マンコ、ティトゥ・クシ、トゥパク・アマルたちを襲うため、あるいは折衝のためにスペイン人はたびたびビルカバンバ地方に出かけていた。彼らがマチュピチュを知っていれば、ときには、この都市に通じる道のどれかを使っていたはずである。だが、記録上ではオリャンタイタンボから、峠（現マラガ峠）を越えてアマイバンバ川（現サンタ・マリア川）沿いにビルカノタ川に出て、少し下流側に流れこんでくるビルカバンバ川の奥地へと向かっていたのである。

ビンガムは、その上流地にあるロサス・パタを発掘した結果、

バックル、鋏《はさみ》、鞍《くら》飾り若干、口琴三つなど、スペイン人の征服当時の形見の、ヨーロッパ製の鉄製品がかなり発見された。

と記している。一方、ビンガムはマチュピチュから新大陸になかった遺物として、女性の装身具しか持たず、インカの男とは思えない男二人の朽ちていなかった（年数の浅い）人骨近くから、緑色のガラス製の「ビーズらしいもの」を見つけている。この男たちの遺体が埋葬されていた洞だけが、都市の門から七〇メートルほどの地点にあり、ほかの墓と離れていたことから、マチュピチュの居住者から歓迎されなかったのではないかと想像し、スペイン人のクスコ侵入後、

聖都クスコから逃げだした太陽の処女たちのかくれがをつきとめようとして、スペイン人が送りこんだスパイだったのだろうか。

と推測している。この怪しげな男二人の遺物のほかには、盗掘者がのこしたであろう「ナイフの破片のようにもみえた」鉄片しか見つけていない。とすれば、放棄されたあとのマチュピチュにはわずかなワッケーロ（盗掘者）以外、誰も立ち入っていなかったことになる。

果たして、どのような状況下でいつマチュピチュは棄《す》てられたのだろうか。もし、マチュピチュに、ママコナやアクリャたちがとりのこされていたとしたら、彼女たちはマチュピチュ内でひっそりと生きのび、秘密を守りながら人知れず死んでしまったのかもしれない。

インカはマチュピチュに霧に包まれたようなたくさんの秘密をのこした。そのことによって、マチュピチュが持つ謎は、都市の放棄からインカが抱いていたであろう自然観にまで想像を広げてくれる。この自然観は山や川、肌に触れる風や空気までを含めて、人の生きることや死に関わる宇宙観にも及んでいく。マチュピチュに立つと、そのような日常から離れた想像がかき立てられてくる。だからこそ、マチュピチュが永遠のロスト・シティになるのかもしれない。

## マチュピチュ名と土地売買

マチュピチュやワイナピチュのピチュ（ピッチュ）という言葉は一般的に「峰」といわれているが、昔からそうだったのかどうかはわからない。ケチュア語で峰はオルコと呼ばれている

上　灌木として育つコカの木。コカ（麻薬コカインの原料の葉）は噛むことで空腹を抑え、活力を生むといわれている
下　コカは儀礼や祭祀に欠かせない。家畜儀礼を前に葉を選別する村人

が、ピチュと呼ばれる山や地名は、私が知る限りではアレキーパ県のピチュピチュ火山、クスコ市近くのピチュの丘、古いクスコの町の地図に記されたピチュという一画だけである。ほかにもあるかもしれないが数は少ないかと思う。

そのピチュについて、クスコ市内に一校のみ存在する国立大学（サン・アントニオ・アバド）教授だった故ホセ・ウリエルは、第四章で触れた『ビシオン・クルトゥラル』誌に掲載された原稿（一九六一年ごろ発表）の中で、

《コカを噛むときに使うピックチャイという言葉に関連しているのではないか、さらに、村人がコカを噛んで口の中にためているときに見られる頬《ほほ》のこぶのようなものをピチュと呼ぶようになり、それが岩山の多いマチュピチュにつながったかもしれない》

というような内容を記している。現在は見かけられなくなりつつあるが、一九七〇年代ごろの山村では、それこそ大きなこぶのように頬をふくらませながらコカを噛んでいた老人が多かった。

インカ時代、マチュピチュはどう呼ばれていたかはわからないが、ティトゥ・クシの時代は

ピチュとだけ呼ばれ、先に記したアコバンバ協定書にもその名が記されている。また、ホセ・ウリエルは同誌に、クスコ市の公証人アンブロシオ・アリアス・リラの登記所で手書きされた一七八二年の《土地売買》の原簿二〇枚を見つけたと記している。

その内容には、《マヌエラ・アルミオンという未亡人が、彼女の隣人であるペドロとアントニオというオチョア兄弟に土地を売った》という内容が記されている。続いて、《そして、複数のほかの土地（地名）》とある前に、ケンテ、パカイマヨなどとともにピチュ、マチュピチュ、

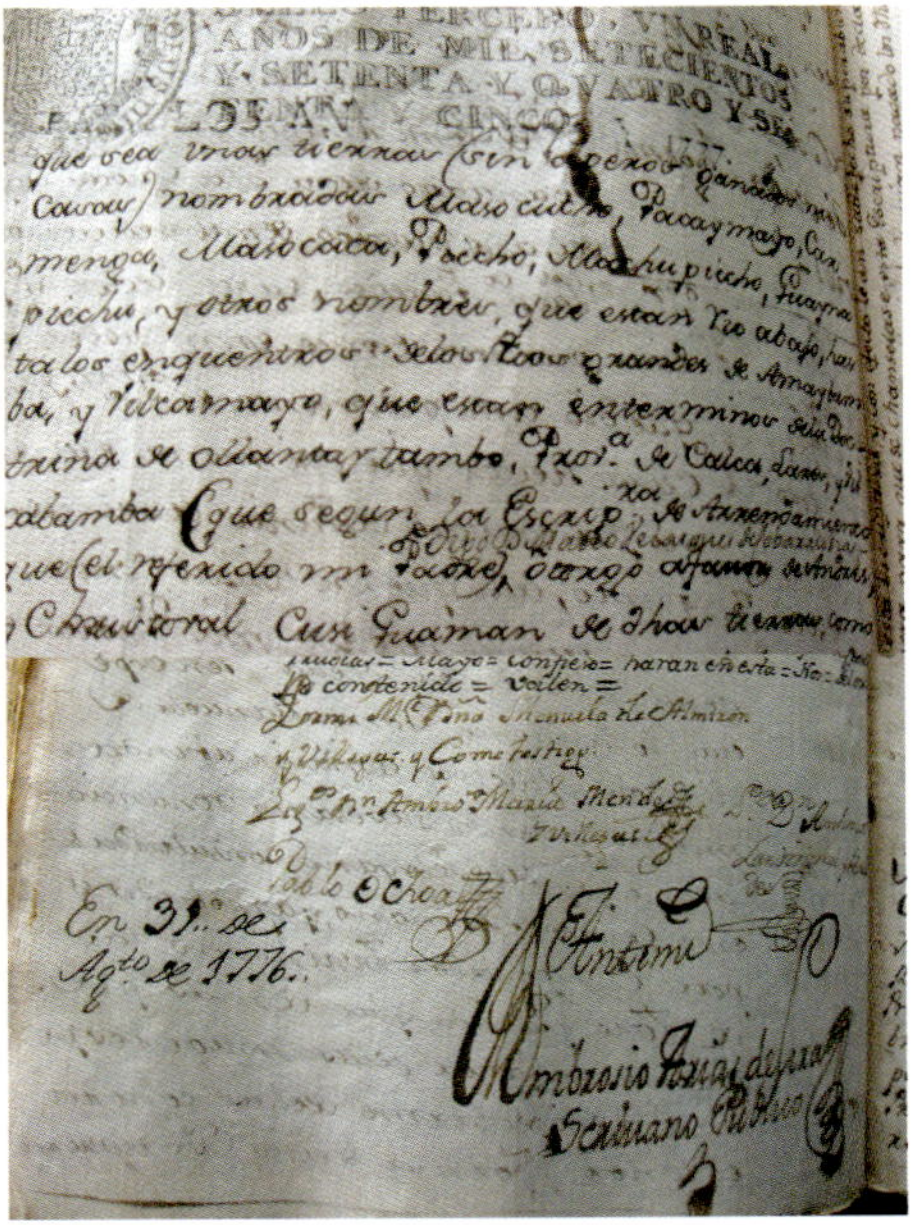


[上]　マチュピチュ方面の土地売買の公証原簿（クスコ市内国立大学蔵、撮影ロナルド・カマラ）。ピチョ、マチュピチョ、ワイナピチョの文字が記されている
[下]　売買当事者と公証人のサイン、および年月日が記されている

ワイナピチュなどが含まれた九つの地名が列記されている。

オリャンタイタンボから三レグア（約一六キロ）の下流域から、大きな川として先の項で記したアマイバンバと、《ビルカバンバ（ビルカノタ）》がぶつかるあたりまでの広大な土地で値段は三五〇ペソス。日付は一七七六年八月八日と記されている。

この記録は、これらの土地が、《今年（一七八二年）、軍の部隊長マルコス・アントニオに四五〇ペソスで売却された》とする書類に、《添付する》としてあった。

山や川とともにいくつかのポイントを目安にして売買されていたのだろう。記されていた地名の中でのケンテ（ハチドリ）は、インカ道入口の八八キロ地点近くにあるケンテ・マルカ（ハチドリの館、別名パタ・リャクタ）、ワイナ・ケンテ（若いハチドリ）、マチュ・ケンテ（老ハチドリ）などの遺跡名、パカイマヨは第二章でも記したインカ道内にある川の名である。また、岩山カカが多かったのであろう。ヤナカカ（黒い岩山）、マサカカ（三人の岩山。マスカカ＝コウモリの岩山ともいわれている）などの地名も含まれている。

この一七八二年の原簿はどこにあるのかわからないが、アルミオン未亡人がオチョア兄弟に売却したという一七七六年のオリジナル文書は、友人のペルー人歴史研究者が国立大学の古文書館にあると教えてくれた。

売買を公証したアンブロシオ・アリアスのサインの入ったこの原簿が、今のところ、目にすることができるピチュ、マチュピチュ、ワイナピチュの名が記された売買に関するもっとも古い書類になるかと思う。ピチュと呼ばれていたところが、きっと現マチュピチュの遺跡がある鞍部《あんぶ》地帯になるのかもしれない。ただし、原簿そのものには、ピチュのすべてがピチョ、ビルカバンバ（ビルカノタ）がビルカマヨ、日付の八日は三一日となっている。

土地の境界の詳細については断定できないが、それ以後も売却が続き、私が知る限りでは、ビルカノタ川の西側、八八キロ地点の少し上部からマチュピチュ下流部のサンタ・テレサあたりまでは、ビスカラ家からサバレタ家へと渡った。だが、クーデターで政権を奪取したベラスコ大統領（一九六八〜七五）による農地改革によって、サバレタ家は八八キロ地点からワイナ・ケンテ下部にいたる川沿いの狭い土地のみを確保し、ほかはほぼ政府に接収された。そのうちの一部分は他人の地と化したようだ。小地主と化した現サバレタ家の七〇歳ほどの主人カルロスが、この地ですごす家は八八キロ地点の対岸に茂るユーカリの森の中にある。

余談になるが、アルミオン未亡人が土地売却をしていた時代のクスコ地方は、植民地支配の混乱期でもあった。最後の皇帝トゥパク・アマルの血縁らしい反乱の指導者、ホセ・ガブリエル・コンドルカンキ・トゥパク・アマル二世が一七八一年にクスコの中央広場で一族もろとも処刑されている。そのとき、コンドルカンキは四頭の馬で引き裂かれた。

一七八三年には、ガブリエルの従兄弟（ディエゴ・クリストバル）とその仲間数人が、現市役所前のレゴシホ広場で絞首刑にされた。そのときの立会人名簿の中に公証人アリアス・リラも名を連ねている。ペルーが独立したのは一八二一年。解放の指導者シモン・ボリーバルがクスコ市を訪れたのは一八二五年である。

## はじめての地図とドイツ人

マチュピチュやワイナピチュの地名がはじめて公になったのは、ペルー政府の委託を受けたドイツ人地図技師のヘルマン・ゴーリングが一八七三年に現地調査をし、一八七四年に発表した地図である。この地図は、アラスカで石油会社に勤務しながら、個人的興味からペルーに一九七四年以来通いつづけ、インカの金採取方法やマチュピチュ史の調査を続けているアメリカ人のパオロ・グレールが一九八九年にリマの国立図書館で発見した（目次裏地図参照）。

この地図は全体として現在の地図とはおおよそかけ離れている。細部にいたっても、マチュピチュと向かい合うプトクシ峰は別名のメディア・ナランハと記入されているが、現ワイナピチュ部分がマチュピチュ、現マチュピチュ村（旧アグアス・カリエンテス）の対岸あたりにワイナピチュと記されている。当時、森におおわれて目立たなかったであろう現マチュピチュ峰はもしかしたら山名を持たず、現ワイナピチュがこの一帯を代表する岩峰としてマチュピチュと呼ばれていたのかもしれない。

二〇〇八年からクスコ市内で何度か会っている友人のグレールの説明、彼が持つ資料や、彼の友人であるフランス人の歴史と地理気象学の研究者（リマ市内の国立サン・マルコス大学協同研究員）であるアラン・ジオダや、ジオダの仲間の研究者への取材などを基にしたペルーの雑誌『ソモス』（二〇〇八年。大新聞『エル・コメルシオ』刊）の記事、グレールが発表した北米の雑誌の記事などによれば、この時代、ゴーリングとの関係はわからないが、アウグスト・バーンズというずいぶん特異な才能を発揮していたドイツ人がいた。細部は省くが、そのバーンズについて知られていることはつぎのようになる。

一八四二年にドイツで生まれたバーンズは二〇歳前後でペルーに住み着いた。そして、当時は狭かったリマ市内にて短期間のうちに人脈をつかんだのであろう。一八六七年、クスコ市に拠点を持つ鉄道の枕木《まくらぎ》を製材するヨーロッパ系の会社の技師として働きはじめた。このころ、彼は現マチュピチュ村を中心としたビルカノタ川の東側（マチュピチュの対岸側）上下流域の土地を二五キロにわたって購入している。ほかにもバーンズは、ペルー政府公認の鉱業検査官、製材会社が傾いてからはクスコ県の道路検査官の肩書を持っていたようだ。

枕木の製材所は、現マチュピチュ村に築かれていた。ということは、切り出されていた材木はバーンズの森からということになる。彼は、この時代、どこで知り合ったかわからないが、ドイツの大学で化学を学んだハーリー・シンガーというアメリカ人を仲間としていた。きっと彼らは、その作業に関わる人夫たちから、川沿いの森に眠る遺跡に関する話を耳にしたか、彼らに探らせ、この一帯に眠るインカの秘密について何らかの確信をつかんだのではないかと思う。

一八八七年、当時のアンドレス・カセレス大統領（一八八六〜九〇、九四〜九五）から保障を

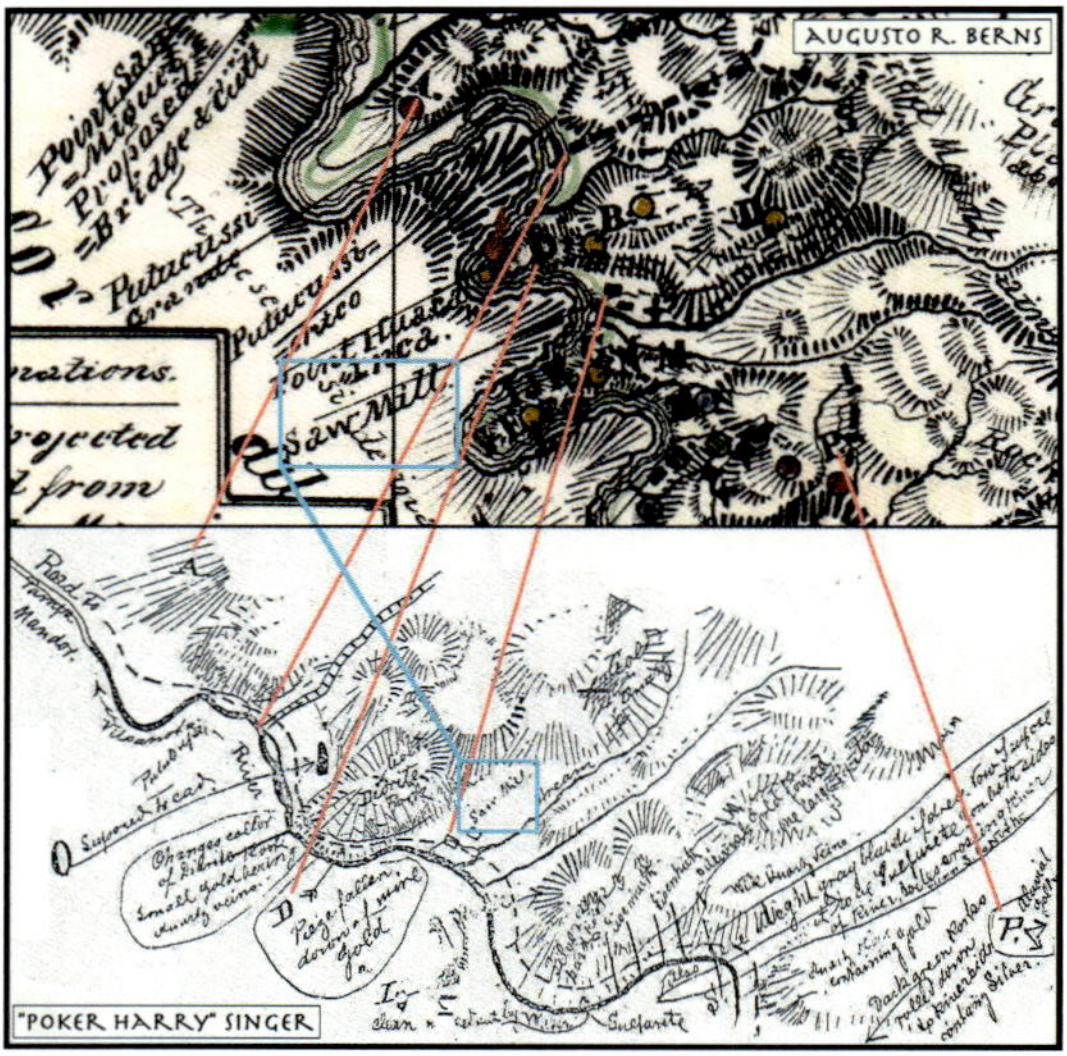


バーンズとハーリー・シンガーの地図の主要部分
[上] バーンズの地図。現マチュピチュ村あたりにソーミル（Saw mill 製材所）、現プトクシ峰あたりにポイント・ワカ・デル・インカ、その上部２箇所にプトクシという文字が見られる
[下] バーンズの仲間で通称ポーカー・ハーリーと呼ばれていたらしいハーリー・シンガーというアメリカ人（ドイツで化学を勉強したあと、インカの黄金にとりつかれたといわれている）の手書きの地図。バーンズは営業用として、シンガーの地図に手を加えたと思われる。シンガーは1881年パナマで何者かと口論して射殺されたという（バーンズの地図はインターネット上で、シンガーの地図は北米の図書館にて、いずれもパオロ・グレールが見つけた。パオロ・グレール提供。２つの地図を結ぶ線はパオロ・グレール記入）

もらって、バーンズは代表として「ワカ・デル・インカ」という会社を設立している。この、大統領の保障を『エル・コメルシオ』が同年一一月二三日に記事にしていると『ソモス』は記している。会社の構成メンバーは豪華そのもので、副代表にサン・マルコス大学病理学教授のホセ・M・マセド、ほかに国立図書館館長にして作家、文学者でもあったペルーの歴史的著名

人リカルド・パルマら一〇人ほどが名を連ねている。

　会社の設立趣旨は、現マチュピチュ村近くの流域で見つけたインカのワカ（ここでは偶像を主とした財宝の意味とする）の輸出販売であった。一九九八年、グレールは、この会社の活動に関わるバーンズが手書きした現マチュピチュ村周辺の地図が、インターネット上で売りに出されていたのを見つけて知人に入手させている。この不可思議な地図にすぐ気づくことができたのは、彼自身が一九七〇年代に、やはりマチュピチュという地名が載っていないハーリー・シンガーの地図を北米の図書館で発見していたからでもあった。

「インターネット上で似た地図を目にしたときはほんとうに驚いた」とグレールが説明するバーンズの地図は、北米に住む「ワカ・デル・インカ」の関係者の子孫から流れ出たらしい。売主は、地図がどこのものか、どんな意味を持つものか、はっきりとつかんでいなかったようだ。この地図には現プトクシ峰あたりに「ポイント・ワカ・デル・インカ」、現ワイナピチュの裏側にある山あたりの二箇所にプトクシ、現マチュピチュ村あたりに英語でソーミル（製材所）と記されている。

マンドル・パンパの民家にのこる19世紀末と思われる圧搾機らしき機械。特注製作のようだ。サトウキビ加工用かもしれないが確かなことはわからない

　会社の設立一〇年前ごろから回数はわからないが、すでにバーンズと親交があったと思われるマセド教授はヨ

ハイラム・ビンガムの第２次発掘中のマチュピチュ。うっそうとした森林の中に埋もれていた都市が想像できる。1913年。『ナショナル・ジオグラフィック』誌発表

ーロッパにたびたび、バーンズ自身もまた北米へと、それぞれが営業活動に出かけている。そのころ、マセド教授はたくさんのワカのコレクションをドイツの博物館に売却しているという。

それらのワカの中に、マチュピチュ方面から得た出土品が含まれていたのかは不明だが、バーンズやシンガーはおそらくマチュピチュの都市に気づいていたのではないかと思う。ゴーリングの地図が発表された年代以前から一〇年ほど、現マチュピチュ村周辺に出入りしていたと思われる彼らである。二人の地図にマチュピチュの地名が記されていないことが不思議とさえ思えてくる。だが、もし発掘を行っていたとすれば、ビンガムのマチュピチュ調査時に、彼らがのこした何らかの遺物や形跡がのこされていてもよかったはずである。

先に触れたアラン・ジオダは、「ワカ・デル・インカ」は一八八七〜八八年、いずれも短期間ずつ二度立ち上げられ、最初のメンバーはおもにペルー人だったものが、二回目にはヨーロッパ人やアメリカ人に入れ替わっているといっていた。「ワカ・デル・インカ」と社名が記された会社設立の案内書（国立図書館蔵）もそのつど発行

されており、二回目の表紙には一回目には載っていなかったプロスペクト（説明書、案内見本）の文字や、ペルー国家の紋章が印刷されていた。この二番目の会社が設立された一八八八年を最後として、今のところバーンズに関する記録は見つかっていないとジオダはいう。

さらにジオダは、最初のメンバーにはプノ県出身のマセド教授をはじめとしてペルー南部方面の農園主の息子が多く、四人がサン・マルコス大学の卒業生、そして四人が医師や歯科医、ほかにビール醸造会社の経営者なども加わっていたと教えてくれた。この人たちが、大統領の保障をもらった「ワカ・デル・インカ」に、どのような意図で関わっていたのかはほんとうのところわからない。

ペルーは一八七九年から八三年にかけて鉱物資源をめぐって隣国チリと戦争し、国の南部（現チリ領）を失う大敗北を喫した。このとき、チリ軍は三年間ほど首都リマを占領していただけではなく、ペルー中北部の高地まで進軍しているのである。もしかしたらの想像ではあるが、「ワカ・デル・インカ」には、ペルーの憂国の士たちが救国の知恵をしぼり合った国策的な意味が含まれていたのではなかっただろうか。

国が滅びかねなかった戦争後には、外国に莫大《ばくだい》な債務を抱えていたといわれている。そのような危機的状況の中で、軍人大統領のカセレスが国の存亡をかけて目ざした富国強兵策の一環に組みこまれていたのかもしれない。

## ビンガムの到着

この時代から目的はそれぞれちがっても、マチュピチュ周辺に興味を持ちはじめたヨーロッパ人は多くいたようである。ビンガムが、

マチュ・ピチュが興味ぶかい考古学の遺跡であるという報告は、一八七五年それを発見しようとして失敗したウィーネルの昔からあった。

と記すシャルル・ウィーネルというフランス人探険家は、一八七五年から三年ほどペルーを中心として歩きまわり、すばらしいスケッチをたくさん載せた記録『ペルーとボリビア』を一八八〇年にパリで出版した。その中にマチュピチュとワイナピチュの名を記している。

一九〇〇年からはリサラガという男をはじめ、農地を求めた農夫たち数人、さらに、トマスという学者や何人かがマチュピチュに出入りしていたか、その近くに出かけていたらしい。チョケキラウやロサス・パタを調査し終えたビンガムは、一九一一年、ワイナピチュの裏にあるマンドル・パンパに到着した。当時、現マチュピチュ村は製材用か荷物運搬、またはサトウキビ加工などの機械があったことからマキナ（機械）とも呼ばれていた。マンドル・パンパは、「アチョテ（染色用の果実）の原」の意味を持つ。

七月二四日。ビンガムはマンドル・パンパに住む男とともに、上流側に架けられていた丸木橋を渡ってから崖をのぼって、森林の中に眠っていたマチュピチュの都市を発見する。そして翌年、本格的な発掘調査のためにふたたびマチュピチュを訪れた。

この二回目の調査前にマチュピチュをおおっていた草木のすべてが、伐採されてから焼きはらわれている。当時の『ナショナル・ジオグラフィック』誌が伝えるマチュピチュは、森からあらわれたばかりの廃墟《はいきょ》である。それらの写真を見た驚きはここでもまた石積みであった。

数百年もの長い年月、大小の樹木の根がそれこそ無数に建物の上や下を這《は》っていたにちがいない。にもかかわらず、ほとんどの建造物がほぼインカ時代のままのこっていたのである。

大地に生きる

寒冷の山岳地山麓。番小屋近くの石囲いの中で夜を過ごしたアルパカが、朝日の訪れとともに草を求めて野原へと向かっていく

前ページ　野山で羊やアルパカを見守る少女。放牧家畜の持ち主である母親を助けるため、少女は幼いときから放牧仕事を手伝っている

インカ時代にも架けられていたアプリマク川上流地のケスワ・チャカ（縄の橋）。1978年撮影。２年に１回１月はじめに川の両側に住む村人が協力しあって架け替えてきた。何年か風習が消えていたが、近年文化庁の努力で復活した

クスコ県南方。両側を山で囲まれているビルカノタ川沿いのティンタ村付近。乾期の畑で村人の母と娘が麦穂を拾っていた。この一帯は昔から色がちがうトウモロコシの名産地でもあった

次ページ　幼いころから母親に教わってきた娘たちはすばらしい織物技術を持つ。自分たちのイメージどおりに鳥、馬、犬、アルパカなどの模様を描いていく。自らが織った肩掛けを身につけて市場に向かうのは織物ができることを将来の夫にアピールする狙いもある

ピサクからオリャンタイタンボにかけてビルカノタ川沿いに広がる畑は、昔はインカ皇帝の農地だったともいわれている。大粒のパラカイという種のジャイアント・コーンの名産地で、乾期に乾燥されたパラカイの大半が日本に輸出されている

上 保存食のチューニョづくりは、乾期、夜半から降りてくる霜による凍結、真昼の天日による解凍をくり返してから足で踏みつけて脱水乾燥する。下 風が吹く寒冷の高原で育つキヌア（キノア）を収穫するボリビアのチパヤ族。キヌアは小さな種子が栄養価の高い食糧となる

[上] 11月ごろに行われるジャガイモの種イモ植え作業。チャキタクヤ（足踏み鋤）で父親が掘りおこした穴に、5歳ほどの幼女が羊かアルパカの糞を肥料として投げ入れていく。[下] 雨期の高原、大粒のひょうが降る日に泊めてもらった民家の幼い娘たち。長女が熱いスープを運んできてくれた

1970年代後半、リマ市からクスコ市へとバスで向かった旅。現在は大きな町と化したアンダワイラスの日曜市場で見かけた村人の少女

# 第六章 インカの遺跡と神秘の東方圏

## 古代からインカへ

故天野芳太郎氏が一九六四年にリマ市内に開設した天野博物館を中心として、二〇〇六年から本格的な調査が行われているリマ市北方のラス・シクラスは、何と五〇〇〇年前の神殿といわれている。シクラは「縄の籠」のような意味を持つ。丘の内部に埋もれていた神殿から、石が詰められたシクラが無数に出土してきたのでラス・シクラスと名づけられたようだ。

どこであっても古代の文明跡を目にすると、体の中から熱い感動がこみ上げてくる。生きる上で抱えていたい軸や価値を模索しはじめた昔の人たちのひたむきさが、体に伝わってくるからではないかと思う。このラス・シクラスには、今まさに、人と人が集まって文明の手がかりをつかみかけようとしていた原初の時間がただよっているようにも思われてきたのである。

近くには、ほぼ同年代のカラルという神殿もある。これらの最古の文明を源として、ペルー

上　発掘中のリマ市北方にあるラス・シクラスの遺跡。丘の地中にシクラ（縄籠）を使った約5000年前の神殿が眠っていた
下　神殿だった地中から建材として縄で縛られた材木が出土した
（撮影協力＝天野博物館）

の海岸地帯では地上絵で有名なナスカをはじめ、数多くの文明が盛衰をくり返してきた。

また、北部側の高地には、東京大学古代アンデス文明調査団の発掘によって、南米最古の黄金装飾品が発見されたクントゥル・ワシの神殿（カハマルカ県）や、ほぼ同時代のチャビン・デ・ワンタルという地下構造を持つ大神殿（アンカシ県）などがある。

このように古代文明の宝庫でもあった海岸地帯や北部側高地を、クスコを中心として勢力をのばしたインカが征服した。さらにインカは、現在のペルーだけではなく北はコロンビア南部から南はチリ、アルゼンチン方面までを支配地とした。

タワンティン・スユ（東西南北の四つの州、または地方）と呼ばれていたインカの領土の中で、インカ・スタイルの石造建造物はそれほど数多く点在していない。おもだったところではエクアドル南部のインガピルカ、北ペルーのカハマルカにあるアタワルパが幽閉された部屋、ワヌコ県のワヌコ・パンパやアヤクーチョ県のビルカスワマンの神殿、ティティカカ湖沿いにある神殿的なチュクイトなどがある。ほかの大石造建造物のほとんどは現在のクスコ県方面に集中しているのである。

本章前半は、クスコ市を中心とした範囲にインカがのこした遺跡をめぐってみたい。

## アプリマク川を見おろすチョケキラウ

第四章でも触れたチョケキラウは、高度差約一〇〇〇メートル下を流れるアプリマク川を見おろせる位置にある。以前は、遺跡の全体像がつかめないほど雲霧林におおわれていたが、近年、政府機関によって復元された。現在はさらに周辺の整備が進み、急斜面地につらなる大規模な階段畑がしだいに姿をあらわしつつある。

上　東京大学古代アンデス文明調査団によって南米最古の黄金副葬品が出土したクントゥル・ワシの遺跡と石像
下　調査団の尽力と日本人の支援によって完成し、村人が管理運営している博物館に陳列されている14面人面金冠
（撮影協力＝クントゥル・ワシ博物館）

アプリマク川は下流に向かうにしたがって、すさまじいほどに両岸が切れ落ちた峡谷の中を流れていく。クスコとアプリマク県境、チョケキラウの遺跡からの帰り道にて

この都市はよほど古い歴史を持つのか、ほかのインカの遺跡には見られないリャマの紋様が、階段畑の石垣に白い石を利用して数多く描かれている。ほかに、インカ末期に改造が行われていたと思われる二階建て構造らしき館もある。

この遺跡は一八世紀ごろから知られはじめ、一九世紀中ごろには第五章で記したウィーネルや領事を含めた外交官ら、フランス人が足を踏み入れている。また、一九世紀後半から二〇年近くペルーを歩きまわったイタリア人地理学者アントニオ・ライモンディも訪れている。ライモンディは、数メートルの塔として花を咲かせるプヤ属植物をプヤ・ライモンディと名づけた博物学者としても名高い。ビンガムも一九〇九年に訪問している。

### 風や天水利用

アプリマク川には峡谷地帯が多いが、ビルカノタ川の上流部には盆地状の広い川洲がつらなっている。ピサクという町からオリャンタイタンボまで広がる「聖なる谷間」の川洲地帯は、インカ時代は皇帝の畑だったともいわれている。

オリャンタイタンボの町を見おろす周辺の断崖、さらにその上にある谷筋などには食糧庫のコルカが点在している。涼しい気候や霧の流れなどを計算してマチュピチュを築いたインカは、ここでも食糧保存に適する風の流れを読んで数多くのコルカを築いていたのである。

インカの王族たちはマチュピチュを往復する際に、この地をタンボ（宿）とし、旅の疲れを癒していたかと思う。神殿を望める位置には、その宿場都市がほぼ完全な形でのこされている。それは横七本、縦四本の石畳を敷いた街路によってブロック化されたもので、縦の街路には谷川から引かれた水が見事な石の水路を流れていた。

第五章で記したフランス人探険家シャルル・ウィーネルのスケッチ。1870年代後半、オリャンタイタンボ近くのビルカノタ川には、インカ時代の名ごりをのこす吊り橋が架かっていたようだ

このようにインカの取水や利用方法は驚くばかりであった。インカ道にある三千数百メートルのプヨパタ・マルカの水を霧が産む天水とすれば、クスコ市をのぼった高地にあるタンボ・マチャイの水は、何によって得られている天水といったらいいのだろうか。

周辺には丘陵や草原が広がっているだけだが、乾期でも水が涸れないのである。ところによっては、地下水路を築いていたといわれるインカである。この水は、もしかしたらどこかから地中を通して引いたものかもしれない。タンボ・マチャイは「宿の陶酔」の意味を持つ。
また、同じように山頂近くから湧き出ている水を丁寧に引いているところが、クスコ市南東の稜線直下にあるティポンである。ティポンの意味はわからないが、石垣に囲まれた緑のきれいな畑の脇に並ぶ石づくりの水路、見事に落下させてある滝、それらを目にしていると気持ちが洗われる思いさえしてきた。クスコ市発行のケチュア語辞典によれば、パチャクティ皇帝の祖父にあたる第七代皇帝ヤワル・ワカの田園宮殿だったらしい。

## インカの墳墓や円形の階段畑

オリャンタイタンボから「聖なる谷間」を上流側に向かう途中には、クスコから逃亡したマンコ皇帝が滞在していたといわれるユカイやカルカの町がある。カルカは大きな都市でもあったのであろう。街路に沿って小さな石が利用された城壁が各所に見られる。

カルカとピサクは近い。ピサクの町を見おろす山には大規模な階段畑がつらなり、その山頂付近に神殿をはじめとした建造物が並ぶ。この遺跡近くの崖には洞穴を利用した墳墓が点々と見られる。ここだけではなく、クスコ市からピサクへと下る道の脇にある断崖、第一章で記したように、「聖なる谷間」の道路沿いに続く山の斜面、または、カルカに流れこむ川をはさむ岩山などには洞を利用した墳墓がいくつもある。

かわって、見事な円筒形チュルパ（墓塔）がプーノ県のシュスタニの丘に見られる。また、似た形ではあるがドーム型屋根で築かれたチュルパが、アプリマク川の上流部の都市型遺跡内にもある。これらのチュルパほど精巧なつくりではないものの、クスコ市東方のパウカルタンボ郡のニナ・マルカ（火の館）の丘には二〇基ほどのチュルパが並んでいる。また、オリャンタイタンボの対岸側にある石切り場にも、ほぼ同型のチュルパが二～三見られた。

オリャンタイタンボからチンチェーロという村にかけての高原には、ぽっかりと穴が空いたようなモライの円形状のアンデネスがいくつか見られる。大きなものは直径一〇〇メートルほどあるらしい。円形状のくぼ地の高低差や日照のちがいを利用し、作物の観察や品種の改良を

上　大地に穴が開いたようなモライの円形階段畑の遺跡。大きなものは直径100mほどあるらしい。さまざまな作物栽培を試したインカの農業試験場だったともいわれている

下　ウルバンバの町の下流付近のビルカノタ川に面する小さな谷間に、塩を大量に含んだ温泉を利用しているマラスの採塩用棚田がある。インカ時代から続いているといわれている

16世紀、クスコに入城したスペイン人征服者とインカ軍が戦ったサクサイワマン、その広場で６月24日にインティ・ライミ（太陽の祭り）が催されている

していた農業試験場だったともいわれている。

インカはトウモロコシにしても色や形、大きさが異なる数々の品種を生み出してきた。ジャガイモの品種は何千ともいわれている。それらの豊富な品種がつくり出せたのも、このような試験場をつくって農作物を研究しつづけていたからにちがいない。

このモライからそう遠くない地点に、インカ時代から伝わるマラスの塩田がある。これは温泉の湧き水を棚田に溜《た》めてから乾燥させる天然自然塩の畑である。澄明な温泉は、口にしてみたら叫んでしまうほどの塩っぱさであった。

### 戦場だったサクサイワマン

クスコ市を見おろせる丘に、四〇〇メートル近い長さでつらなる大建造物がサクサイワマンである。三段にも重なる基壇下部には二〇〇〜三〇〇トンの巨石が使われ、それらがわずかの隙間《すきま》もなく積み重ねられている。この大建造物は要塞とか神殿ともいわれているが、ほんとうのところ何を目的として建てられたものかはっきりしていないらしい。

丘陵上部にはムユク・マルカ（渦巻きの館）という石塔があって、その土台だったといわれているところに幾重もの円形基壇がのこされている。サクサイワマンから少し離れた高原の一画に、第一章に記した奇妙な石や洞が並ぶチンカナ区がある。その近くには二〜三段の石の基壇で囲われた直径数十メートルのものを含めた大小の円形がいくつか見られる。宗教的要素の濃い円や楕円形が多いことからして、チンカナ区やサクサイワマンの一帯は祭礼か儀礼の大センターであったのかもしれない。

このサクサイワマンを戦場として、一五三六年にインカ軍とスペイン人とが激突した。だが、マンコはどんな理由があったのか、カルカ方面にとどまっていた。そのため、二〇万〜三〇万人ともいわれたインカ軍は大神官ビラ・オマという将軍が指揮した。だが、皇帝が陣頭に立っていなかったことが響いたのか、インカ軍は敗北してマンコが滞在していたカルカ方面に撤退した。

『インカの反乱』によれば、大インカ軍にクスコを包囲されて全員が死を覚悟したほどおびえきっていたスペイン人ではあったが、インカに征服されてまだ間もなかった北ペルーのチャチャポヤス族やエクアドルのカニャル族を仲間にして反撃に転じ、インカ軍がこもっていたサクサイワマンになだれこんだという。スペイン人側には、インギルやワイパルというマンコ皇帝の兄弟にあたる人物も加わっていたようだ。

サクサイワマンという大遺跡近くのチンカナ区は、神聖な祭祀場か儀礼が行われた聖所だったのか、石の基壇で囲われた大小の円形が見られる

## ムユク・マルカの攻防

実際に戦闘に加わっていたペドロ・ピサロは、そのときの攻防をつぎのように記している。

> 見たところ、（略）二〇万のインディオ戦士が集合して包囲をかけ（略）ある日の朝クスコの四方に火を放ち、その火に助けられて町の多くの部分を占領した。
>
> 優勢だったインカ軍は、クスコの町の広場に近い街路で戦っているスペイン人が反撃に出られないようにほとんどの路地に柵《さく》や石垣を築き、さらに、石投げ器で石を広場に投げつけてきたのだが、（略）それを防ぐことができず、狭い露地はインディオたちが占拠しているので、われわれが登って行こうとしても、はいってゆけばかならず殺される危険があったのだ。（略）しかも大きな叫び声、悲鳴をあげられ、ほら貝や角笛を吹かれて、地がゆらぐような思いだった。

そのあと、一方のスペイン人は、夜は休息を決めこんでいたインカ軍の隙をついてサクサイワマン内部にもぐりこみ、二つの「高い塔」に籠城《ろうじょう》していたインカ軍の水を欠乏させる作戦に

出た。その戦いが三日ほど続いた結果は、

渇きのために彼らは干上がり、戦意を失って、ひじょうに高い壁から飛びおりはじめた。戦況はスペイン人側の優勢に逆転し、インカ軍の兵士たちの数多くが自殺したようだ。それからもペドロ・ピサロは戦闘の様子を伝えているが、このときの激戦の舞台となった「高い塔」のひとつがムユク・マルカだったといわれている。

インカ・ガルシラーソは、子どものころに遊んでいたサクサイワマンの塔内部について、

豊かな水の噴水があり、その水は地下を通って引かれていた

と記している。ここでも、インカは独自の取水技術を発揮していたようだ。それればかりではなく、迷宮のように無数の地下道がサクサイワマンに張りめぐらされていたという。

インカ軍の将軍だったビラ・オマについては、『ピルー王国の発見と征服』の訳注では、役職名だったとし、無名の聖職者が「ビラオマ（またはビリャオマ）」とほかの二つの祭司を区別して、つぎのように書いているという。

ビラオマが最高位の祭司で教皇のようなものであり、肉食をせず、瞑想《めいそう》のため田舎に住んで、太陽やビラコチャなどの重要な祭りのときだけクスコに来た

マチュピチュには、ビラ・オマのような大神官が住んでいたのであろう。

## 大帝国インカの強み

クスコ地方はさまざまな自然が詰めこまれた箱庭のようでもある。山岳、高原、湖、谷間、峡谷、雲霧林、亜熱帯や熱帯ジャングルなどのすべてが含まれているのである。地形や気候変化に恵まれていることは、栽培植物や果実の豊富さにもつながる。たとえ異常気象があったとしても、どこかで何かが育まれていたはずである。

また、高地側では食肉にも適し、さらに荷役用に利用できたリャマや上質な純毛を育むアルパカなどが飼われていた。また、同じラクダ科の野生種ビクーニャもいた。また、乾期の高原では、ペルー北部では降りない夜半からの霜が、ジャガイモを保存食に加工してくれた。

このように、ほかの地方に比べて豊富な大自然に囲まれていたことが、何よりもインカの強みを生んでいたのではないかと思う。

本章の最初に、インカ・スタイルの大建造物のほとんどは、現在のクスコ県方面に集中していると記したが、現クスコ市とその周辺を別とすれば、それらのおもな遺跡は都から発していた東方圏アンティ・スユの道につながっているのである。この東方圏に、「聖なる谷間」内のピサクやオリャンタイタンボ、そしてマチュピチュ、ビルカバンバ地方などが含まれている。

現クスコ市に近い東方圏に限っても、簡単につかみきれないほど地形が入りくんでいる。ビルカノタ川、そしてカルカ奥の山岳地から発するヤナティィレという川（ビルカノタ川はこの川と合流してから高地ウルバンバ川と名を変える）、クスコ市南東に位置するビルカノタ山群（主峰アウサンガテ）から発するマパチョという川などが重なっている。

それらの深い谷間と谷間にはさまれて、海抜約四〇〇〇メートルの山脈が走っている。山稜の両側からはいくつもの細い川が落下し、雲霧林の茂る峡谷をぬって大きな谷間へと流れていく。さらにもっとも東側にはアンデス側の砦のような山稜が走り、そこを越えるとアマゾン地方の密度濃い雲霧林、そして低地側熱帯雨林へと変化する。

これらの広い谷間やジャングル地帯に、インカは野菜や果物、硬木、薬草、動物や鳥の肉や皮などを求めていたのではないかと思う。また、第五章で記したパオロ・グレールは、インカは川に平石を並べ、そこに無数の石を立てて砂金を採取する「チャクラ・デ・オロ（黄金の畑）」という方法を用いていたと雑誌に発表しているらしい。そのような砂金採取が東方圏の川でも行われていたのかもしれない。

植民地時代はコカ、コーヒー、カカオ、サトウキビなどの栽培、あるいは牛の放牧などの地を求めて、怒濤のように拓殖者がなだれこんだにちがいない。クスコ市内の旧家の多くも、かつてはそのような亜熱帯、熱帯地方に農地を持っていた。その時代、作物や牛の運搬に利用していた道のほとんどが、インカがこの地方に張りめぐらした道であった。

## 黄金伝説の地方

現在でも、パイティティといわれる黄金都市が、広大な東方圏のどこかに眠っているかもし

クスコ県東側、ビルカノタ川の下流に流れこむヤナティレ川上流部にあるリャマが描かれた岩。どこかにインカの黄金が隠されているかもしれないという現地の人は多い

れないと、クスコ方面では伝説のように語られている。たとえ、都市ではなくともインカが隠した大量のテソロ（財宝）がどこかに埋もれていると信じている人は多い。

野生蘭を求めて出かけたカルカ郡奥地にあるマントという峡谷。尾根上のリュク・マルカ（草の網目の館）には、薄い石を重ねた建物が灌木におおわれながらたくさん眠っているらしい。この遺跡地帯に近いハウカニという丘にも、いくつもの建物がのこされていた。そこには、水を汲むために地下に向かって掘られていたともいわれているチンカナ（洞穴）の入口らしき跡も見られた。また、ハウカニに近い高地には、パウカルタンボ地方と同じ形のチュルパ（墓塔）が数多く見られるという。

マントの谷底には、何匹かのリャマが描かれていた岩があった。この一帯のところどころに描かれている人間や動物の岩絵の複写絵（カルコ）を現地の研究者から見せてもらったが、それらのほとんどが古代の壁画と思われた。

だが、リャマの岩絵だけにこだわるならば、私には侵入してきたスペイン人から守ろうとした財宝テソロを運んできたリャマを、用済みになってから処分した印のようにも思えてきた。

地元の人たちの中にも、そういっている人は多かった。

マントという谷間がそう思わせるのかもしれないが、せばまった谷間はマチュピチュ周辺とまでいかないまでも、それに似た雰囲気を持つ大きな岩山に囲まれていた。頂近くの断層に巣があるのか、ときおりコンドルが旋回し、とても人が近づけない三〇〇メートルほどの高度差を持つ滝が落下していた。谷底に小さな畑を持つ男が、その滝の内側にある小さな洞を指さしながら、「あそこにはインカの手が加えられている」と何回も口にしていた。

このあたりは、役所の保証書を持参しなければ歩けなかったほど、黄金探しと間違えられやすい地域でもあった。それだけ、インカのテソロが隠されていると地元の人たちは信じているのである。クスコ市内に住む五〇歳ほどの男は、かつて、この地で宝探しをしていたといって、

上　森におおわれたハウカニの丘から少し離れたところに見られた食糧庫の遺跡。取り出し口に合わせて内部はそれぞれ仕切りの壁が設けられている
中　草木の茂みの中にのこされているハウカニの遺跡。小さい石積みの建物が無数にある
下　ハウカニの森の中にはチンカナ（洞）の入口と思われる穴が2箇所見られた

仲間とともにマント周辺の岩稜をのぼっている若いころの写真を見せてくれた。

谷間の上にあるチョケ・カンチャ（黄金の囲い）という村には、「夜に中央広場から黄金製品を掘り起こした教師が、そのあと村から消えてしまった」という有名な話がのこされている。文化庁もそれから広場をくまなく調べたという。ほかに、村人にいわれていることをそのまま記せば、この村の上にある湖で「テソロを見つけようとした二人の男と一人の男が、それぞれ得体のしれないガスを吸引したらしく間もなくして死んだ」、「ハウカニにある食糧庫の遺跡近くを掘り起こしていた男が、そのあとに死んだ」ということがあったらしい。

チョケ・カンチャの広場に面する薄い石を積んだ壁には、高さ約二メートル、幅約一メートルの方形のニチョ（壁のくぼみ）が一四個並び、その上部には小さなニチョも見られる。もしかしたら、大きなニチョにはミイラが、小さなニチョには聖像（偶像）が置かれ、広場で儀礼が行われていたのかもしれない。村の上にある湖からハウカニ方面までは石の水路がのびていたともいわれている。

### 不思議な湖とチューニョ

チョケ・カンチャ村管轄内の海抜約四〇〇〇メートルの稜線直下に、プマ・コチャ（ピューマの湖）という湖がある。この湖に「テソロが眠っている」と、この地方で長年活動し、現在はリマに住む老牧師がいっていたらしい。若いころは、パイティティ探しか黄金探しに夢中になっていたともいわれている人物である。

また、このプマ・コチャは、「インカ時代のチューニョが眠っている」と、周辺に住む多くの村人からいわれていた。チューニョとは第四章で記したジャガイモの保存食である。二〇〇八年にこの湖に立ち寄ったとき、湖畔近くに住む老人が、「これがインカのチューニョだ」といって、湖内に無数に眠っていたものをすくい上げてくれた。見た目は確かに腐ったチューニョそのものに思われた。だが、澱粉《でんぷん》を分解するバクテリアが生息しているであろう湖内に、ジャガイモの加工品であるチューニョがあるというのが不思議であった。

第一章でも記したようにヤマネコのフェリーノについて説明してくれたエクトル・エスピノサは、インカのチューニョということには疑問を抱いたが、「フェリーノがチューニョのエスピリット（霊魂）を湖に運ぶという伝説（神話）がのこっている湖がアウサンガテ峰近くにあって、そこもまたインカのチューニョが眠っているといわれている」と興味を示した。彼は、クスコ県西方のインカの食糧庫遺跡から、炭と化したチューニョを発掘して間もなかったこともあって、なおさら深い関心を抱いたのではないかと思う。

二〇〇九年四月、カルカの町に住む老人の息子に依頼し、湖まで出かけてチューニョといわれるものを採取してきてもらった。そして、澱粉かそうでないか、文化庁の解析所で分析してもらったら、カエル程度の塊に成長するアルガス（水藻）の腐敗物だとわかった。そのとき、緑色の大きなアルガスを村人からもらって生で食べた私の以前の記憶がよみがえってきた。確

[上] 黄金製品が掘り出されたというチョケ・カンチャ村の広場に面した石の壁には大きなニチョ（壁のくぼみ）が14個並んでいる。これらの上部にも小さなニチョが数多く見られた
[下] プマ・コチャ（ピューマの湖）に眠っている「インカ時代のチューニョ」といわれるものは、分析したら水藻の塊であることがわかった

か、カリカリしたような食感があった。

インカ時代のチューニョと思いこんでいた村人に、結果を伝えても信じてくれる人は少なかった。もし、そうならば、インカの人たちが何らかの理由があって棄てたか、あるいは、それらを捧げたほどの神聖な湖だったかもしれないと思っていた私にとっても拍子抜けな結末であった。とはいっても、高地の稜線直下にポツンとあって、名前もインカがあがめていたと思われるピューマの名がつく大湖である。何かしら、インカの秘事儀礼が行われていたように思えてしかたがなかった。この湖近くの斜面地には、インカが金を探していたときに使ったらしい道具が見つかったという「三つの森」があるらしい。

## インカがのこした迷路の道

黄金のテソロが眠っているという噂《うわさ》がたえないチョケ・カンチャから、マント方面へ、または、森の中にあるトクラという遺跡に、そしてこのプマ・コチャへとインカの道が続いているといわれている。その道は、この湖からマパチョ川の谷間にあるワリャ（流浪者、またはインカ以前の人間）、またはスユ（地方）という集落へとのびていたが、その大半は新設された道路によって消えてしまった。だが、野生蘭が咲き乱れていた急斜面地の森には、かつて地元の人たちも使っていたインカの道がところどころに見られた。

マパチョ川の谷間の対岸側斜面をのぼった稜線の東側には、約一五三万ヘクタールの広さを持つ大マヌー国立公園が広がっている。その公園内の森林地帯にパイティティが眠っているかもしれないというペルー人は数多い。パイティティがあるかどうかは別にして、クマやピューマが多く棲息する稜線の公園側雲霧林内に、いくつかの遺跡が点在していると谷間内に住む村人たちがいっていた。

また、マパチョ川の谷底にはインカ時代から伝わる吊り橋が今も架けられ、近くには第一章で記したサイウィテの石に似た彫刻だらけの儀礼石がころがっているという。

プマ・コチャのある稜線にあったインカの道は稜線沿いにものび、北はヤナティレ川の谷間へ、南はアウサンガテ峰方向の大きな村へとつながっており、その道は現在でも何頭もの馬でコカが運ばれている秘密道にもなっている。また、ヤナティレ川の谷間からマパチョ川の谷間に向かう途中で野営したパンパ・ラコ（ラッコ）という原っぱから、この地の地主は大量のテソロを見つけたといわれている。

地元の人たちは、「だまし、ごまかし」のラコ（マパチョ川の東側に同名の村や山がある）という言葉について、「迷路のような意味を持つ」といっていた。迷路とは、この地方に縦横に張りめぐらされているインカの道を指していた。もしかしたらインカは、奥地に秘められた何箇所かの大切な場所にたどりつけないように、何本もの道をあえて迷路化していたのかもしれない。

クロニスタのペドロ・ピサロは、オレホンというインカの貴族が指揮したという財宝秘匿の旅について、つぎのように記している。

必要な人員を使ってそうした宝をはこび、隠す場所からちょっと離れたところまで来ると、（略）五〇ないし一〇〇人の者を残し、あとはぜんぶ帰るように命令する。そして、残った者たちを、（略）オレホンがひとりないしふたり指揮して、（略）宝を埋める場所まで移動させ、隠し終わって十分にそれを覆ってしまうと、（略）首をくくるによい木の生えている場所をさがす。そして、全員に首を吊るように命ずると、一同は臆《おく》するところなくそれにしたがう。

スペイン人のクスコ入城前後、それに似たドラマが、起伏の激しい山野に走っていたインカの道近くの森のどこかで展開していたのかもしれない。そのような夢の世界に思いをはせさせてくれる雰囲気を東方圏の大自然が持っているのである。

## おわりに

マチュピチュやインカに向けて大きな想像をふくらますことができたのも、本書で引用した数々の著書や訳書などのおかげであった。それらと、日ごろから参考にさせていただいている図書を列記し、著者、訳者、編者、および出版社に感謝と敬意を表したい。

『アンデスの黄金』（大貫良夫著、中公新書）、『アンデス文明＝大アンデス文明展：図録』（編集・友枝啓泰、藤井龍彦、山本紀夫、盛野三利、発行・朝日新聞社大阪本社企画部）、『インカ―失われた帝国』（ハイラム・ビンガム著、大貫良夫訳『現代の冒険』8所収、文藝春秋）、『インカ皇統記（一～四）』（インカ・ガルシラーソ・デ・ラ・ベーガ著、牛島信明訳、岩波文庫）、『インカ帝国』（泉靖一著、岩波新書）、『インカ帝国史』（シエサ・デ・レオン著、増田義郎訳、岩波文庫）、『インカ帝国探検記』（増田義郎著、中公文庫）、『インカ帝国地誌』（シエサ・デ・レオン著、増田義郎訳、岩波文庫）、『インカの反乱』（ティトゥ・クシ・ユパンギ述、染田秀藤訳、岩波文庫）、『新大陸自然文化史　上』（アコスタ著、増田義郎訳・注、大航海時代叢書第Ⅰ期3、岩波書店）、『世界の大遺跡13・マヤとインカ』（大貫良夫編著、講談社）、『世界有用植物事典』（堀田満ほか編、平凡社）、『世界の聖域18・神々のアンデス』（文＝増田義郎・友枝啓泰、写真＝高野潤、講談社）、『魂の征服』（斎藤晃著、平凡社）、『ピルー王国の発見と征服』（ペドロ・ピサロ著、増田義郎訳・注、大航海時代叢書第Ⅱ期16『ペルー王国史』所収、岩波書店）、『ビルカバンバ　インカ最後の都』（エドムンド・ギエン著、寺田和夫監訳、時事通信社）、『ラテン・アメリカを知る事典』（大貫良夫・国本伊代・福島正徳・落合一泰・恒川恵市・松下洋監修、平凡社）

協力：ペルー文化庁クスコ支所（Agradezco cooperación=Instituto Nacional de Cultura-Cusco）

最後ではあるが、本書刊行にいたるまでは国の内外を問わず、多くの先輩、友人、知人の協力と励ましがあった。出版に際しては、中公新書編集部の酒井孝博氏にずいぶんお世話になった。すべての方々にこの場をお借りして感謝の言葉を伝えたい。

二〇〇九年　初夏　　高野　潤

装幀・地図作成・ＤＴＰ／市川真樹子

高 野　潤（たかの・じゅん）

1947年，新潟県生まれ．写真家．写真学校卒業後，1973年からペルーやボリビアをはじめとしたアンデスやアマゾン地方に毎年通いつづける．
著書『インカ』（情報センター出版局，1991）
『アンデス』（集英社，1998）
『インカを歩く』（岩波新書カラー版，2001）
『インカの野生蘭』（新潮社，2006）
『アマゾン源流生活』（平凡社，2006）
『大地と人を撮る』（岩波ジュニア新書，2008）
『カランバ！』（理論社，2008）
『アマゾン源流「食」の冒険』（平凡社新書，2008）
『アマゾンの森と川を行く』（中公新書カラー版，2008）
など

カラー版《ばん》 マチュピチュ―天空《てんくう》の聖殿《せいでん》
中公新書 *2012*

2009年7月25日初版
2010年5月30日3版

著 者　高 野　潤
発行者　浅 海　保

本文印刷　三晃印刷
カバー印刷　大熊整美堂
製 本　小泉製本

発行所　中央公論新社
〒104-8320
東京都中央区京橋 2-8-7
電話　販売 03-3563-1431
　　　編集 03-3563-3668
URL http://www.chuko.co.jp/



Published by CHUOKORON-SHINSHA, INC.
Printed in Japan　ISBN978-4-12-102012-3 C1226

中公新書

## 地域・文化・紀行

t2

- 560 文化人類学入門（増補改訂版） 祖父江孝男
- 741 文化人類学15の理論 綾部恒雄編
- 1311 身ぶりとしぐさの人類学 野村雅一
- 1731 ブッシュマンとして生きる 菅原和孝
- 1822 イヌイット 岸上伸啓
- 92 肉食の思想 鯖田豊之
- 1830 鉄道の文学紀行 佐藤喜一
- 1915 カラー版 東海道新幹線歴史散歩 一坂太郎
- 1649 霞ヶ関歴史散歩 宮田　章
- 1604 カラー版 近代化遺産を歩く 増田彰久
- 1542 カラー版 地中海都市周遊 陣内秀信・福井憲彦
- 1748 カラー版 ギリシャを巡る 萩野矢慶記
- 1692 カラー版 スイス―花の旅 中塚　裕
- 1745 カラー版 遺跡が語るアジア 大村次郷
- 1603 カラー版 トレッキングinヒマラヤ 向　一陽・向　晶子

- 2026 ヒマラヤ世界 向　一陽
- 1671 カラー版 アフリカを行く 吉野　信
- 2012 カラー版 マチュピチュ―天空の聖殿 高野　潤
- 1969 カラー版 アマゾンの森と川を行く 高野　潤
- 1785 カラー版 フライフィッシング 齋藤直樹
- 1839 カラー版 山歩き12か月 工藤隆雄
- 1869 カラー版 将棋駒の世界 増山雅人
- 1926 自転車入門 河村健吉
- 417 食の文化史 大塚　滋
- 1579 日本人のひるめし 酒井伸雄
- 1806 京の和菓子 辻　ミチ子
- 415 ワインの世界史 古賀　守
- 1835 バーのある人生 枝川公一
- 596 茶の世界史 角山　栄
- 1930 ジャガイモの世界史 伊藤章治
- 1095 コーヒーが廻り世界史が廻る 臼井隆一郎
- 1267 パンとワインを巡り神話が巡る 臼井隆一郎

- 1974 毒と薬の世界史 船山信次
- 1443 朝鮮半島の食と酒 鄭　大聲
- 650 風景学入門 中村良夫
- 1590 風景学・実践篇 中村良夫